かんたん イス坐禅のすすめ

Kantan Isu Zazen no Susume

Kosyo 著

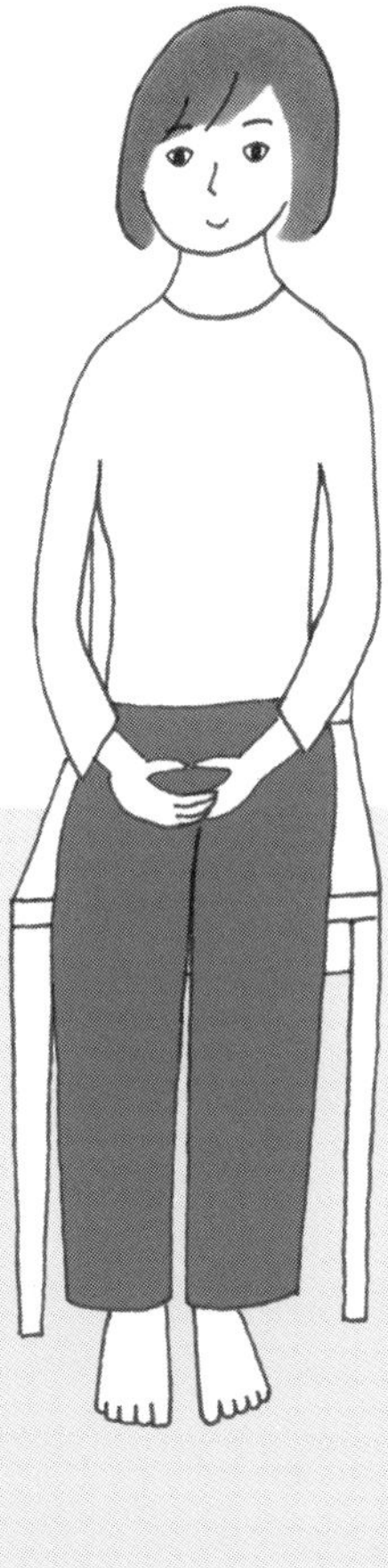

スモール出版

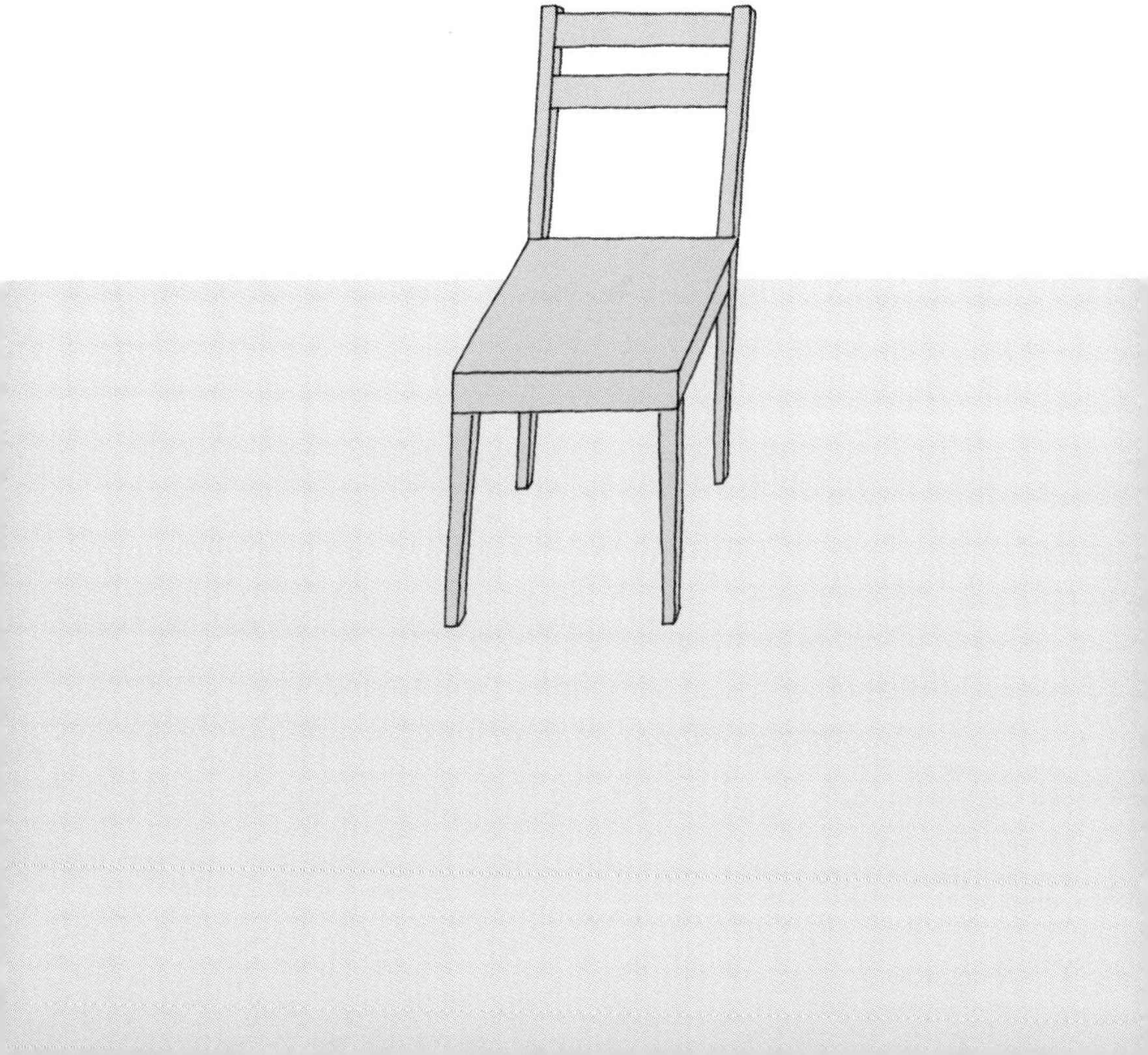

心のやすらぎが欲しいとき、あなたは何をしますか？

仕事を休んで恋人や家族と過ごす。
キレイな景色を見に旅に出かける。
静かに読書をする。
美味しいものを食べる……。

人はみなそれぞれに、心を癒す方法をいくつも持っていると思います。悩んだとき、ストレスを感じたとき、イライラしたとき、やる気が出ないとき、いち早く以前の生き生きとした自分を取り戻したいと感じることでしょう。

ところで、**いつでもどんな人でも、心のやすらぎを得ることのできる方法**があるのをご存知でしょうか？　それは、**「静かに座ってあなた自身を見つめる時間を持つこと」**です。

どこにいても、誰といても、何をやっても、変わらずそこにいるのは「あなた」自身です。

実は、その自分自身を見つめ、体と心の調和をはかることが、心のやすらぎを得る一番の近道になります。その方法のひとつが今回ご紹介する、**イスに座ったままできる「かんたんイス坐禅」のプログラム**です。

この「かんたんイス坐禅」プログラムは、お寺の活性化をはかる事業を行っている「寺子屋ブッダ」のスタッフさんたちと私が検討を重ねて考案しました。

「かんたん！イス坐禅」として、東京・恵比寿にあるイベントスペース（寺子屋ブッダ ラボ）で催しているイス坐禅会で、都会で働くサラリーマンやＯＬのみなさんが、坐禅によって心のやすらぎを少しでも得られるようにと開催を続けています。

坐禅とは、一般に「座って行う瞑想」のことを指します。

「座っただけでは何も解決しないでしょ？」と思う人も多いでしょう。

その指摘はまさにそのとおりです。座った「だけ」では、なかなか効果を得ることは難しいものです。そこにはある程度の「技術」や「コツ」が必要になってきます。

本書では、なるべくみなさんに分かりやすくこの「技術」や「コツ」をご説明しながら、「かんたんイス坐禅」をご紹介していきたいと思います。

この本は、第一章から
順に読んでいくと、
坐禅の意味や
ストレスマネジメントの仕組みなどを
学ぶことができ、
「イス坐禅」への理解が
深まるようになっています。

しかし説明よりも、
さっそく「イス坐禅」をいきなり試してみたい

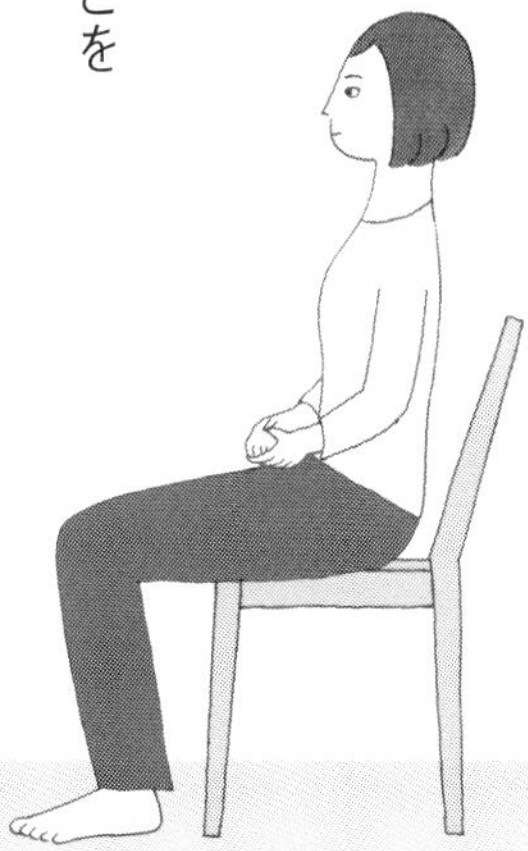

という方もいらっしゃると思います。

その場合は、第五章を読んでください。

そして実際に「イス坐禅」を試した後に、改めて第一章から読み進めてみてください。きっと新たな発見があるはずです。

ぜひこの機会に、「イス坐禅」を日々の生活に取り入れてみましょう。

かんたん
イス坐禅
のすすめ

01

第一章

ストレス社会の坐禅の役割

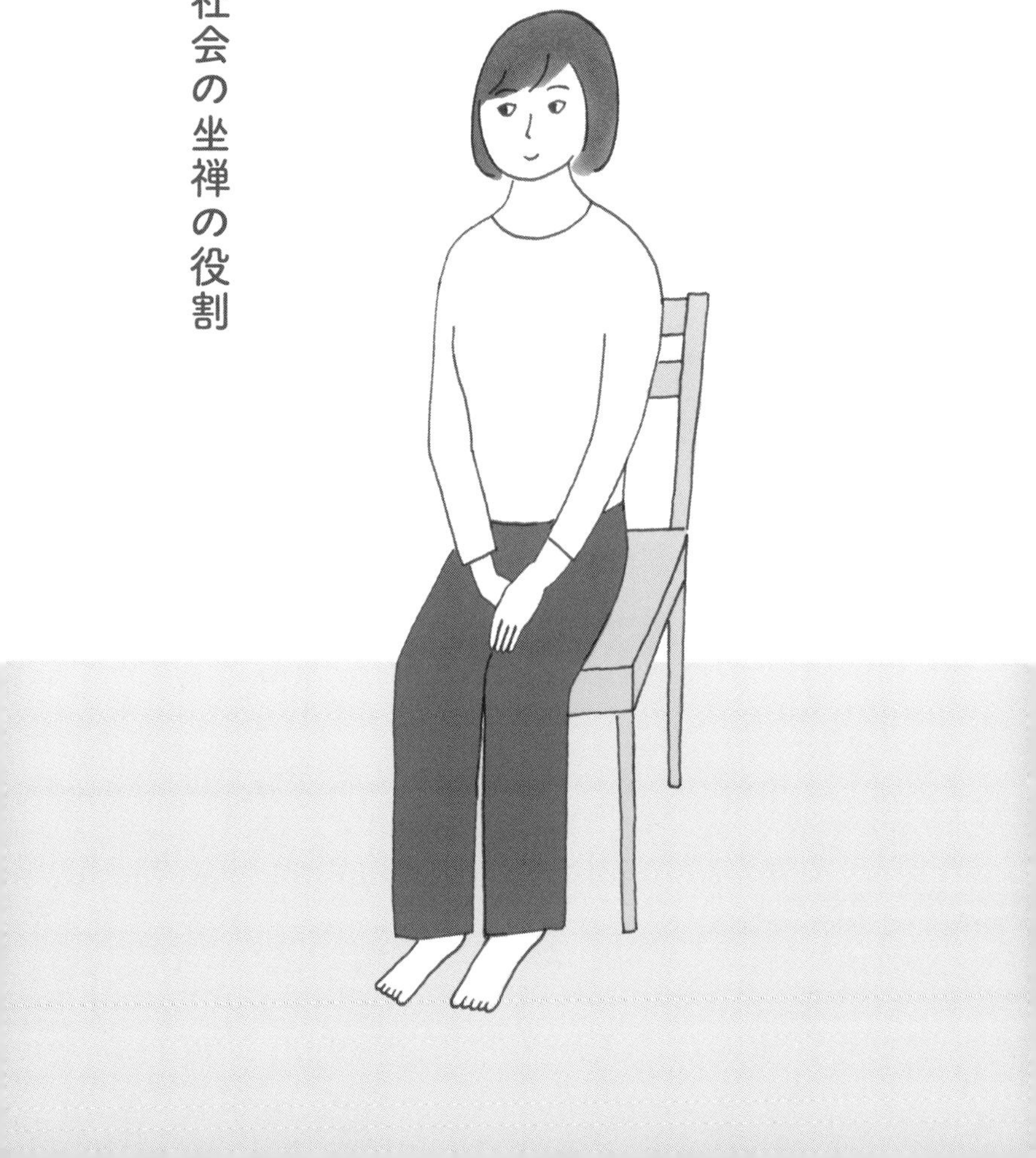

「かんたんイス坐禅」の活動は、ある企業から、仕事帰りの社員レクリエーションとして、イス坐禅のワークショップを行って欲しいとの依頼があったことがきっかけではじまりました。

依頼をくださった会社は大手の人材派遣会社で、たくさんの従業員を抱えています。そこで求められたのは、**瞑想《めいそう》を通して社員のストレス緩和・軽減を目指し、ストレスマネジメントの学びの糧《かて》にしたい**というものでした。当たり前のことですが、たとえ大手の優良企業で働く人たちでも、多くの悩みやストレスを抱えながら日々の生活を送っているのだと、私は改めて痛感したのでした。

坐禅がストレスを抱えた人々に必要とされている……それではまず、坐禅をやったことのない人でも、**気楽にはじめられるぐらい分かりやすい坐禅会を開いてみよう**……そのような考えではじめたのが「かんたんイス坐禅」です。

現代はストレス社会だといわれています。

それを象徴するように、厚生労働省は労働安全衛生法を改正し、新たに設けられた「ストレスチェック制度」により、従業員が五十人以上の事業所ではストレスチェックの実施が義務づけられました。

これは、働く人が自分のストレスの程度を把握するための検査や、検査結果に基づいた医師による面接指導の実施などを事業者に義務化する制度で、平成二七年一二月一日から施行されています。

いわば国をあげて働く人々のストレスを軽減させるために、さまざまな対策を行うという方向性を示したことになります。

そして政府以上に、一般の企業組織は働く人々のストレス対策に注力しています。ストレスを感じながら働けば、仕事の効率が悪くなり、個人の成績は落ち、ひいては会社自体の経営も悪化させてしまいます。大切なことは、**ストレスが少なく気持ちよく働ける環境を、働く人自身で作り出していくこと**です。働きながら人生をより良くし、自己実現をしていくことは、その人の人生を豊かにすることにつながるのです。このような背景から、ひとりひとりの労働者が自分でストレスに対処するために、ストレスマネジメントを学ぶことは喫緊《きっきん》の必要性があるものとなってきたのです。

労働者の心の健康確保対策としては、一般的に心理カウンセラーなどによるカウンセリング活動があげられます。心の不調を訴える人に対して、専門家が傾聴《けいちょう》などを行い、必要があれば専門の医療機関につなげるサポート体制がこれまでに作られてきました。

一方で、ストレスへの対処法として、**自分自身でストレスの対策を学ぶストレスのセルフマネジメントも重要**になってきています。

厚生労働省の委託事業として社団法人日本産業カウンセラー協会が運営するホームページ「こころの耳」内のコンテンツ「15分でわかるセルフケア」の中では、ストレスに自分で対処する方法が解説されています。具体的に、さまざまなリラクゼーションが紹介されていますが、そこには**呼吸法やストレッチなどの身体技法を行うことが推奨**されています。意外かもしれませんが、これらの身体技法は**坐禅やヨガなど東洋の瞑想の技術が基礎**になっているのです。

坐禅と聞くと長時間同じ姿勢で、しびれるまで足を組んで、眠気で姿勢がグラつこうものなら棒でたたかれるなど、リラックスとは程遠いイメージがあるかもしれません。確かにひと昔前までは、坐禅といえば集中力をつけ、人格を磨く修行として用いられてきました。もちろんそのような側面もありますが、現在ではむしろ**ストレス軽減のためのリラクゼーションの方法**として見直されつつあります。

現代はストレス社会だといわれていることについて、もう少し考えてみたいと思います。

人間は生きていれば必ず障害にぶち当たり、悩みも生まれます。ひと昔前の時代を生きていたご先祖たちも、今の私たちと変わらない同じ人間なので、生きていくうえで色々な人生の悩みを抱えていたことでしょう。しかし現代が特にストレス社会だといわれるのは、いったいなぜなのでしょうか。

それはきっと**悩みの質が、昔と変わったことに由来するのではないか**と考えます。

現代人の悩みは、多種多様で複雑になっています。そんな中で「これ」と、はっきりとした原因を探し当てるのは大変なことです。ですが、漠然とした時代の雰囲気の中に、おぼろげながらその原因が分かる気がします。

現代はスピードが求められる時代、効率化・合理化が求められる時代、それにグローバルな時代といえます。

スピードが求められる時代では、街に出れば、ショッピングセンターに並んだ電化製品は一年も経《た》たないうちに新商品に代わり、自分の持っているものは古くて陳腐《ちんぷ》なものに感じられます。ファッションなどの流行も目まぐるしく移り変わり、最新情報を常にチェックしなくては乗り遅れてしまいます。学校や職場で流行の話題についていけなかったら、仲間外れにされないかと心配になります。

効率化・合理化が求められる時代は、職場では知らぬ間に新たな技術が行きわたり、新しく導入された業務ソフトの使い方も、油断しているとちんぷんかんぷんになってしまいます。企業では、新たな経営戦略や用語が山のように使用され、覚えるだけでも大変な労力です。

グローバルな時代は、テレビやインターネットから世界中の事件や事故がリアルタイムにとどき、目の前を通り過ぎていきます。たとえ大きな事件でも、一週間も経てば忘れてしまうほどたくさんの情報が手元に集まります。

数年前より今の方が**生活はずっと便利になっているはずなのに、なぜかいつも何かに追い立てられている**ように感じてしまいます。

ストレスの原因さえはっきりすれば、それを取り除けば解決するのにと、なんだかモヤモヤとしてしまいます。

心理学の分野では人間の感情は、「情動（エモーション）」と「気分（ムード）」とに分けられるそうです。「情動」は原因や対象が明確で、強い感情を指します。例えば誰かと口論になったら、その人にぶつける怒りが情動です。このとき原因となる対象はといえば、口論の相手がいますので、お互いが謝り和解すれば、怒りの原因を取り除くことができます。

一方の「気分」とは、何となくウキウキするとかイライラするといった、原因が明確でない感情のことを指します。気分の方は、もし嫌な気分や不快な気分を改善しようと思っても、取り除くべき原因や対象が明確でないために、解決することはかんたんではありません。

現代社会のストレスは、イライラやムカムカがたまっているのに、これが原因だという明確なものが見えにくいのではないでしょうか。その意味では、まさに気分が悪い、嫌なムードだといえます。こんな風に、現代社会のストレスは明確な原因対象が見つけにくい、時代の雰囲気や気分のようなもので、それが私たちを苦しめているのでしょう。このような雰囲気は容易に取り除くことが難しい、とてもやっかいなものです。

現代社会のストレスを生み出す嫌な空気は、次のような環境から生まれているのではないかと思います。

・現代社会のスピードは、人間が暮らすには速すぎる。
・効率化や合理化が、人間の生き方の限度を超えている。
・ひとりの人間には抱えきれないほどの情報が、世界中から集まってきている。

では、現代社会のストレスを少しでも軽減するためにはどうしたらよいでしょうか？

本書では、こんな提案をしたいと思います。

・スピードを落とし、時には立ち止まる時間を持ってはいかがでしょう。
・成果を気にせずに、ありのままの自分を感じる時間を持ってはいかがでしょう。
・激変する情報の嵐の中でも、自分を見失わない芯の強さを養いましょう。

イス坐禅では、このすべての提案の実現を試みていきます。

・スピードを落とし、時には立ち止まる時間を持ってはいかがでしょう。

仏教が生まれたインドの思想では、普段の心の状態を、サルが木から木へと餌を求めて動き回っていることに喩《たと》えます。それは、ひとつところに落ち着かず、常に何かを探し回って右往左往《うおうさおう》している、そんな状態です。これを「モンキーマインド」と呼びます。坐禅のような静かな瞑想では、ひとつところに座っていることで、心が粗《あら》いモンキーマインドの状態から、静穏《せいおん》で細やかな心の状態になるといわれます。坐禅により**立ち止まる時間を持つことで、日常では感じられない、本来の自分の心のあり方に気づくことができるでしょう。**今この瞬間に存在している自分自身への気づきは、忙しく過ごす日々では味わえない充実感を与えてくれます。

・成果を気にせずに、ありのままの自分を感じる時間を持ってはいかがでしょう。

現代人は何をやるにも、成果という物差しが手放せないのではないでしょうか。時には物差しを置いて、何にも縛られていない自分を感じることが必要です。**坐禅では何にも縛られない、ありのままの自分を取り戻すことができます。**

・激変する情報の嵐の中でも、自分を見失わない芯の強さを養いましょう。

次から次へと押し寄せる世界中のニュースや出来事は、私たちの心を不安の念に駆り立てることがあります。そのような激しい情報の変化に対応するには、広い視野を持ち、柔軟に嵐をかわしながら自分自身を見失わない、そんなしなやかな心を養うことが大切です。禅の考え方では、ささいな出来事に振り回されず、物事の全体的な状況を判断する大局観《たいきょくかん》を持つことを勧めます。そして、**静かに座ることで、今の自分にとって何が最も大事なのかを見失わない、確かな観察力を身につけることができます。**

「空気を読む」ということが日本人の美徳とされてきました。しかし現代社会の嫌な「空気」に取り込まれ、自由を奪われるようでは、自分本来の生き方が損なわれてしまいます。正体の分からない現代社会の嫌な雰囲気に影響を受けないためにも、**静かに座って自分自身を見つめる習慣を身につけることが大切**です。自分自身で物事を冷静に観察し、自らの意志で現代の荒波を生き抜くために、**坐禅の実践を身近な生活に取り入れてはいかがでしょうか。**

第一章
ストレス社会の
坐禅の役割

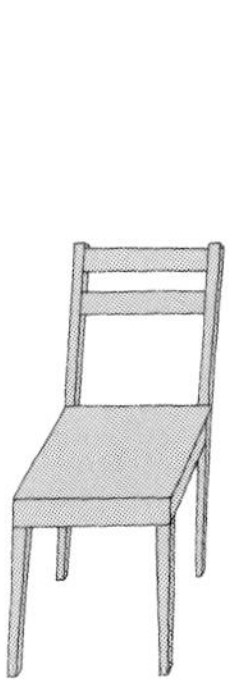

02

第二章

「禅」に親しむことから はじめましょう

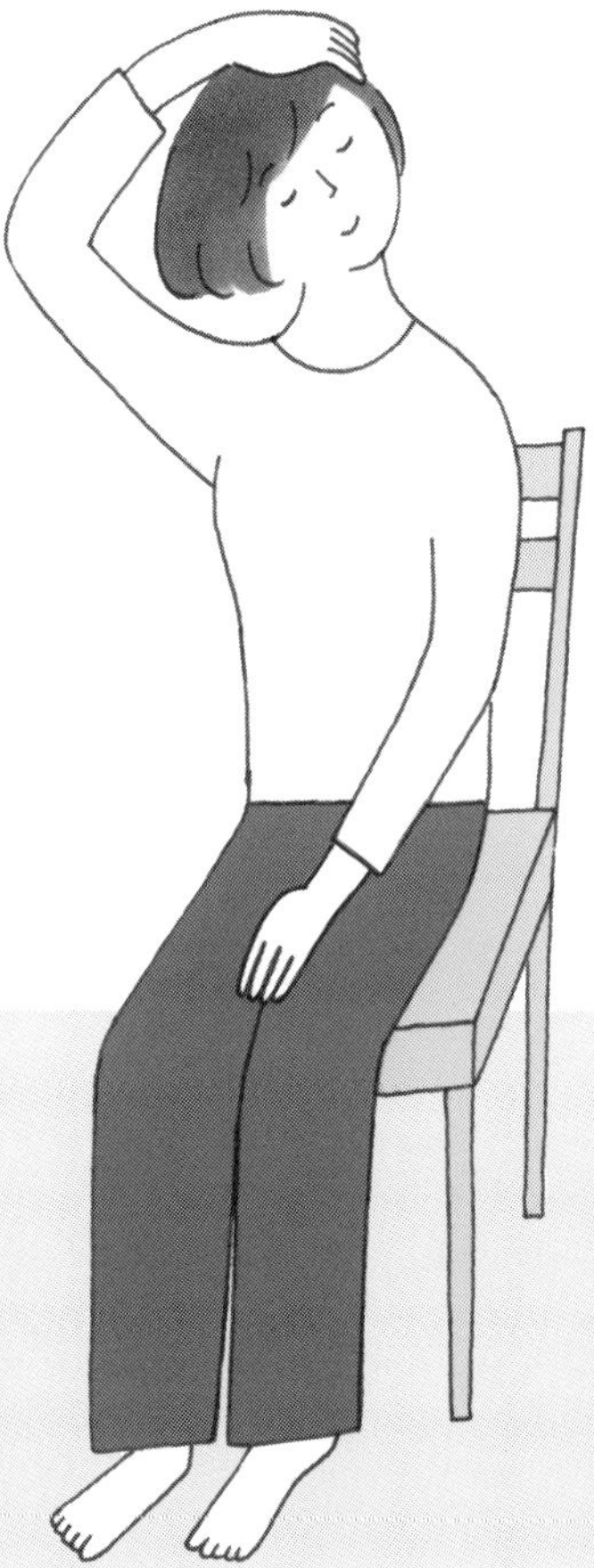

近年、「クールジャパン」という言葉で、日本文化の魅力を海外の人たちに紹介する試みがなされています。海外からも多くの人たちが日本の文化を体験しようと日本を訪れています。なかでも「**禅**」は、**欧米では日本を代表する文化として理解されており、フランスでは「zen」が落ち着いていてクールなものを示す言葉として浸透しているほど**です。では、みなさんは外国人から「禅って何？」と聞かれたら、どんな風に説明されるでしょうか？

坐禅、修行、問答、お寺、仏教、墨蹟《ぼくせき》、達磨《だるま》、石庭、雲水、悟り……。つれづれに並べてみましたが、みなさんの思い浮かべたものがいくつか見つかったのではないでしょうか。日本人であれば、禅と聞けばたくさんのイメージや言葉が思い浮かぶことでしょう。けれども、**一言で「禅とはこんなものです」と説明するのは容易ではありません。**禅とは何かの問いに、長くて難解な解説を目にすることも多いことでしょう。

そうなるのにも理由があります。それは禅という言葉が、仏教発祥の地であるインドから中国、そして日本に伝わるうちに、言葉の意味を超えたさまざまな要素を内包してきたからです。**精神や文化のさまざまな方面に浸透して展開した日本では、特に禅に含まれる要素は非常に多くなりました。**禅文化といえば茶道や禅の庭園、墨蹟や禅画が思い浮かびますが、果ては盆栽や合気道までその範疇《はんちゅう》に入っています。思想や文化、それを伝えた優れた禅僧、その歴史などなど、ぜんぶを解説すると、とても紙面が足りないくらいに書くべきことが広がってしまいますので、禅のすべてをいきなり学ぼうとすると、初心者ではその時点で嫌になってしまうものです。

そこで本書では、要点をしぼってお話ししていきたいと思います。

イス坐禅を行うにあたって、禅という言葉をおおまかにでも知っておけば、とても助けになります。

まずは、最も基本的な禅という言葉の意味を押さえておきましょう。

禅はみなさんご存知のとおり、仏教の教えの中に登場する言葉です。

その語源は、二千五百年前に活躍したお釈迦《しゃか》さまの時代に話されていたといわれる、**インドの古い言葉のパーリ語の「ジャーナ（jhana）」を音写したもの**だといわれています。中国に伝わったときこの言葉は「禅那《ぜんな》」と音写されました。現代の中国語でも「チャンナ」と発音するようで、語源に近い発音になるようです。この言葉が日本にも伝わり、やがて省略されて「禅」となりました。

さて、音写されて伝わったこのジャーナという言葉は、意味としては「静慮《じょうりょ》」と訳されます。これは、「しずかにおもいはかる」という意味になります。**普段ざわついている自分の心を静かにして、深遠な真理に思いをめぐらすことを指します。**

また、「静」を動詞として「静める」とすれば、「おもんぱかりをしずめる」とも読めます。普段は色々なことに考えをめぐらせますが、それを一旦止めて、心を静める、という意味に取れるでしょう。

この静慮の意味が分かれば「坐禅」のもともとの意味も分かってきます。

つまり、「坐禅」とは「座って、しずかにおもいはかる」、または「座って、おもんぱかりをしずめる」ことを指します。

言葉の意味だけで考えると、とてもシンプルな内容です。

仏教を開かれたお釈迦さまは、インドのガンジス川のほとりの大きな菩提樹《ぼだいじゅ》の下で坐禅を組むことにより悟りを得たと伝えられています。この一見してシンプルな修行法は、お釈迦さまの悟りの根本に据えられています。

言葉の意味にさかのぼってみれば、禅の根幹には、「座って、しずかにおもいはかる」という坐禅があることが分かります。

外国人に「禅とは何？」と聞かれたら、まず本来の意味を伝えてあげましょう。

そして、**静かに座っておもいはかる、その静寂の中から生み出された考え方や生き方が禅文化を豊かなものにしているのだ**と、教えてあげてください。

さて、本書で目指すのは、**仏教や禅の初心者でも親しみやすいイス坐禅を、生活の中で活《い》かしてもらいたい**ということです。そのためにまずは最もシンプルな「禅」という言葉の語源を紹介しました。

ここからしばらくは坐禅の科学的な見解について見ていきましょう。どうやら**坐禅を実践すると集中力が増し、健康的になり、決断力も増すようだ**、ということは昔から知られていましたが、それが**なぜ、どのような仕組みで起こるのかをさまざまな研究者たちが取り上げするようになりました。**

実は、この部分は、近年になりやっとその仕組みが明らかになり、現代人にも分かりやすい説明ができるようになってきた要素です。これはお坊さんが主導したというよりは、坐禅やヨガなどの東洋の瞑想を社会生活に活用しようとする、学者や研究者たちの研究による大きな成果です。

現代では心理学や脳科学などにおいて、坐禅による瞑想中の人間の、目には見えない心のありさままでが研究の対象となっています。科学と宗教の親和性には、宗教者としても驚かされるばかりです。

特に最近では、**ポジティブサイコロジーと呼ばれる、人間の幸福にかかわる心理学の研究に注目が集まっています。**

「人間はどのようにしたら幸福に生きていけるのか？」

こんな命題を、宗教者ではなく科学者が扱うようになってきたのです。今後もこのような分野に注目が集まり研究が進むならば、宗教と科学はどんどん近づいていくように感じます。

一方で、僧侶である私のような宗教者は、科学で明らかにするには限界がある領域、科学では超えられない宗教的な真理が存在すると信じて疑わないところもあります。

科学技術が進んだ未来を展望するシンポジウムで、こんな話があります。

二〇一五年の秋に、朝日新聞社がアメリカの名門ＭＩＴ（米マサチューセッツ工科大学メディアラボ）と共催で開いた「未来メディア塾２０１５」でのことです。

このシンポジウムのテーマは「Draw the Future ～ともに未来を描き、展望を語らう～」。基調講演の後、「ロボット」や「グローバル社会」など四つのテーマに分かれ、一般参加者も交えて議論を深めました。

ロボットをテーマにした、テーマA「2035年、人間が主役の職業は何か」の会場には、人工知能の開発を手掛けるベンチャー経営者、理系出身コンサルタント、ロボットサークルに所属する大学生など、専門知識や情報も豊富なメンバーがそろっていました。

当初は、先行の研究もあり、未来においてコンピューティング化しづらい能力が必要な職業として、介護や看護職が残るとの結論が導き出されると思われていました。しかし事前予想は大きくはずれ、将来AIやロボットが人間の代わりに働く時代になっても変わらず人間が従事している、**機械では最も代替が難しい職業として「お坊さん」があげられたのです。**理由として、「効率性・合理性の対極にある分野だから」「世代を超えた記憶を継承する存在だから」「生死を体験することのないロボットに説得されても説得力がないから」などの意見が上がったそうです。

この結果にはとても驚きました。同時に近い将来、仮に人間の最も幸福な生き方が分かったとしても、それを教えるのはロボットではなく、お坊さんをはじめとする人間の宗教者であって欲しいと私は思います。

科学と宗教が近づいていく時代の流れは、もう後戻りはできないでしょう。だとしたら、現代を生きていく私たちは、**科学が明らかにする領域と、その限界を知り、宗教でしか解決できない領域があることも視野に入れながら、両方の「いいとこどり」をして自分の生活に活かすのが良い**のではないかと思います。

「いいとこどり」という面では、坐禅に代表される仏教瞑想の研究は、心理学や脳科学の分野と矛盾が少ないうえに相性が良く、その成果は論文の中だけでなく、医療の現場で治療法として採用されたり、企業の人材育成に応用されたりしています。

坐禅は、僧侶だけではなく、さまざまな分野の人々に活用され、その効果効用が実証されてきており、日本だけでなく世界中の人々の心の支えになっています。

次章では、昔から日常に活かされてきた坐禅の技術やコツ、いわば坐禅瞑想の身体技法を詳しく見ていきましょう。

第二章
「禅」に親しむことからはじめましょう

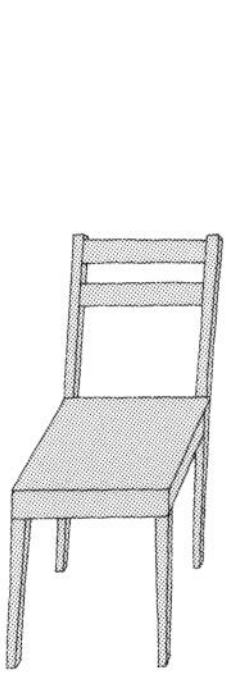

03

第三章

社会で活用される坐禅の身体技法の要素

ここからは坐禅の技術やコツにあたる、身体技法としての側面を見ていきたいと思います。

日本に禅が伝えられた鎌倉時代、坐禅は僧侶だけのものでした。ところが室町時代になり禅宗が広まるにつれ、武士が精神統一のために坐禅を組むようになり、やがては一般の在家の信者が禅の実践に親しみ人生を豊かに生きたと伝えられています。このように、坐禅は**僧侶だけでなく支配者層から庶民の間にまで浸透**していきました。

ではなぜ、僧侶ではない人々が、坐禅を組んだのでしょう。

それは**坐禅を組むことにより、自分の体や心が調い、やがては人格や生き方も調い、素晴らしい人生を歩むことができると感じ取っていた**からに他なりません。

人間は、生きていればさまざまな問題に直面し、思わぬ障害にぶつかり困難を感じることが何度もあるでしょう。しかし坐禅を日常的に実践していれば、悩みからいち早く立ち直り、その障害を乗り越えるための解決策を冷静に考え、取り組むことができるようになります。

人々の心の支えとして、**坐禅は日本人の身近な生活の中に活かされてきた**のです。

坐禅修行を身近な世俗の生活に活かそうとする姿勢は、本来の意味でのお釈迦さまの説いた教えの真髄を追い求める坐禅とは、意義が違うかもしれません。しかし悩みを持つ人々を救済するのは、宗教者の役割でもあります。ですから僧侶はいつの時代も、悩みを抱えて自分を見つめ直そうとする多くの人々に坐禅を指導し、心の支えややすらぎを得られる場所を提供し続けてきました。

本書の**「イス坐禅」プログラムは、本来の修行者が行う正式な坐禅をするのが困難な人たちのために考えられたもの**です。特に現代人は畳にあぐらをかいて座る習慣がないため、坐禅をきちんと組むのが困難になってきています。その代わりに**使い慣れているイスに腰掛けること**で、すんなりと受け入れられる方法となりました。

そもそもイスによる坐禅は、神奈川県にある曹洞宗大本山總持寺《そうとうしゅうだいほんざんそうじじ》の貫首《かんしゅ》（住職）を務められた板橋興宗禅師《いたばしこうしゅうぜんじ》が普及に努められました。昭和の終わり頃、当時は金沢にある曹洞宗の名刹大乗寺《めいさつだいじょうじ》の山主《さんしゅ》であった板橋禅師が「椅子坐禅」を提唱され、多くの人々に分かりやすく指導されていました。今では椅子坐禅は広く浸透し、臨済《りんざい》宗《しゅう》の運営する東京禅センターでは椅子坐禅会を開催するまでに至っています。書店では椅子坐禅を勧める書籍を目にする機会も多くなり、イスに座って気軽に行えるという利点を活かし、広く坐禅の良さを現代の人々に広めています。

このように、坐禅が今も身近な生活の中で活かされている背景には、**お寺を維持し、工夫して坐禅の普及に尽力された禅僧の活躍がある**ことも覚えておいて欲しいと思います。

それでは、実際にどのように社会で活用されてきたのかを、順を追って見ていきたいと思います。

大きく分けると次のような時期があります。

・武士の精神鍛錬に活用された時期。
・日本人の教育理念のひとつ、心身修養の分野で活用された時期。
・アメリカから逆輸入される、医療・精神衛生に活用されている現代。

以下、それぞれ紹介していきます。

武士の精神鍛錬に活用された時期

坐禅といえば、「精神鍛錬」というイメージを思い浮かべる方が多いと思います。そんなイメージが定着したのも武士が好んで坐禅を行い、禅に親しんだからでしょう。

日本に禅宗が伝わってきた鎌倉時代になると、武家と禅宗寺院のつながりが深くなっていき、武家の指導者層が好んで禅僧をアドバイザーとして身近に置き、自身も坐禅を実践するようになりました。

活躍して権威を高めた武士たちは、積極的に寺院を保護し、菩提寺としての氏寺を創建しました。それは一族の求心力を高め、家門の象徴となるからです。この頃は中国からの渡来僧も多く、海外から優秀な禅僧を招くこともありました。

乱世の武士にとって、領地は命をかけて守る大事なものでした。この領地争いの戦いによる「死」は、現実のこととして身近にあったのです。日常が常に死と隣り合わせの時代は、死の恐怖に負けない心の鍛錬が必要になります。その克服は一朝一夕《いっちょういっせき》にできるものではありません。だからこそ**武術の修練と同時に、恐怖に打ち勝つ「精神鍛錬」が必要**となりました。

この**精神鍛錬に有効であったのが禅の教えであり、なかでも坐禅はとても役立ったようです。**

人間の呼吸は恐怖を感じると浅く速くなります。恐怖をもたらす敵に対処するためで、速い呼吸で血液を素早く体の隅々にいきわたらせ、いち早く臨戦態勢を整え筋肉を動かす生存に必要な生理現象なのです。しかし、これにより全身には力が入り、視野が狭くなったり思考力が落ちるという、いわば頭に血の上ったような緊張状態になります。これは「闘争・逃走」と呼ばれている反応で、敵と戦ったり、あるいは逃げ出すときに顕著に表れます。このような反応は人間の原始的な体の防衛機能に由来しています。

自然界の弱肉強食のような、ルール無用の暴力の世界であれば、戦いにおいて頭で何も考えずに敵に全力で突進するか、一目散に逃げることが有効です。

しかし社会性を持った人間界で、このような状態では話になりません。大勢で隊を組んで戦うといった頭を使う戦闘になったときに、冷静で適切な判断ができないようでは、勝負に負けてしまいます。

この頭に血の上った状態と対極にあるのが、坐禅で行う丹田《たんでん》呼吸でもたらされる心の状態です。丹田とはへそ下から三寸、約九センチメートルのあたりにある部分で、おおまかには下腹部と考えてもらえれば良いと思います。この**丹田を意識して深くゆっくりとした呼吸を行う訓練を続けると、集中力がつき、落ち着きのある冷静な心を養うことができる**といわれています。

例えば「胆力《たんりょく》」という言葉があります。武士はこの胆力を養うことを大事にしました。また、いざというときに物怖じしない人を「キモのすわった」人といいますが、このときのキモは「胆」という漢字をあてています。この「胆」は「ハラ」とも読むことができます。落ち着きがあり、いざというときに度胸のある人は、頭に血が上るような、意識が体の上半身にあるような人ではなく、どっしりとお腹の底にある丹田を意識して力をためることができる人を表したようです。この**胆力を養う方法が、坐禅による丹田呼吸だともいわれています。**

現代でも剣道などの武術の鍛錬では、「上虚下実《じょうきょかじつ》」ということが大事にされていますが、上半身の余分な力みや緊張がとれて、下半身に力が充実している体の状態を意味します。やはりここでも、頭に血を上らせた上半身の緊張状態は良くないとされ、逆に**丹田を中心とするハラや腰のような下半身に力が満ちていることが重要視されます。**

戦闘で、目の前の恐怖に支配されてしまうことは「死」を意味します。この恐怖に対抗するべく、頭に血を上らせた緊張状態から解放され、丹田を中心とするハラに意識を向け、落ち着きと冷静さを保てる体の使い方が求められました。そして、このような状態を生み出すために坐禅を行ったり、丹田を意識した呼吸法が活用されたようです。

また、武士の中でも指導者層ともなると、剣を交えるだけでなく、プレッシャーに打ち勝ち正しい政治決断を求められることがあります。いざというときに頭に血が上って思考停止してしまうような人は、リーダーの資質があるとはいえないでしょう。

このため、武士の中でもとりわけリーダーは、どんな過酷な状況であっても、自分をいち早く整った状態に戻して冷静になり、その場にふさわしい思いきった判断をくだせるように、禅に習熟した人物が多くいました。

ここで、**禅に親しんでリーダーシップを発揮した武士**を紹介しましょう。

それは、鎌倉時代、二度にわたる元寇《げんこう》による国難を防いだ**北条時宗**《ほうじょうときむね》です。

日本史でも「神風」で有名な蒙古襲来《もうこしゅうらい》ですが、ただ運がよかっただけではなく、時宗の冷静な判断、そしていざというときに時宜《じぎ》を逃さない勇気が勝敗を分けたといわれています。

時宗の在世の頃、モンゴルは領土を大きく拡大して一大帝国を作り上げ、中国、朝鮮半島もその支配下にありました。そして、その矛先は日本にも向かうことになりました。

時宗は十七歳という若さで執権《しっけん》の職、今でいえば総理大臣にも相当するような役職につきます。彼は、若くして国内の武士たちをまとめる心労、さらには国外の強敵と対峙するという二重のプレッシャーやストレスに思い悩みました。そのとき**心の支えになったのは多くの禅僧たちであった**といわれています。特に南宋《なんそう》から来日した禅僧の**蘭渓道隆《らんけいどうりゅう》禅師**や、同じく渡来の僧・**無学祖元《むがくそげん》禅師《ぜんじ》**に厚く帰依《きえ》し、その教えや坐禅の実践から示唆《しさ》を得ようと参禅したといわれています。

時宗が二十代前半の頃、一度目の元寇、文永《ぶんえい》の役《えき》が起こります。九州の武士たちの健闘もあり侵攻を防いだ時宗でしたが、すぐに二度目の危機が襲いかかります。弘安《こうあん》の役《えき》です。

弘安四年、元軍が大挙して押し寄せる弘安の役の一カ月ほど前、時宗は無学祖元禅師をたずね、いざというときの困難を克服する心のあり方について問いました。

すると無学祖元禅師はすぐに筆をとって、

「莫煩悩《まくぼんのう》（わずらい悩むことなかれ）」

という一句を書いたといいます。

時宗はこの一言で決心を固め、余計なことを考えることなく、元軍への防備に全力を尽くし、あとは天命を待つ心境に至ったといわれています。その英断のおかげで元軍を陸上から海上へと押し返すことができ、結果、元軍は海上で暴風雨に襲われ、壊滅状態になり撤退しました。そして時宗は二度の元寇を防いだ後、惜しくも三十四歳の若さでこの世を去りました。

この逸話に見るように、生死をかけた戦いの決断で思い悩まぬよう、時宗はいわばリーダーシップを取れる指導者の心のあり方を、日夜、無学祖元禅師から教わっていたのです。

無学祖元禅師が時宗に与えたといわれる、迷いを断じるための禅的な心のあり方のコツが伝わっています。原文は難しいので現代語に要約してご紹介します。

無学祖元禅師が伝えた五箇条《ごかじょう》の要訣《ようけつ》

・外界の物事に心奪われてはいけません。

・外界の物事をむさぼり、執着してはいけません。
・一念不生《いちねんふしょう》、心中にひとつの迷いさえ起こらないように励みなさい。
・目先のことに惑わされない、広く大きな心持ちになりなさい。
・いつも勢い盛んで勇敢でありなさい。

禅では「己事究明《こじきゅうめい》」（己《おのれ》のことを究《きわ》め明らかにする）ということを重要視します。自分とは何者であるのか、今ここにいる自分が何をなすべきなのか、自分自身の一大事を探求して明らかにすることが求められるのです。そのために**坐禅による修行を行い、自分自身を深く見つめます。**

反対に外の物事ばかりに目を向けて、心を奪われて振り回されていては、本当に大事なことが見落とされてしまいます。**自分自身にとって真実に大事なことを見極め、そこに向かって迷いなく励めば執着や後悔も少なくなります。**それができれば、目先のささいな失敗は気にならなくなり、より大きな目標をイメージして広い気持ちで歩みを進められます。この大局観があれば、大事な物事を決断するときにも勇気をもらえます。

無学祖元禅師は、このように禅の教えを分かりやすく生活訓にして伝え、時宗を導きました。

武士の英雄譚《えいゆうたん》の陰に、禅僧の心の支えや助言があったという逸話は、他にもたくさん残っています。

周囲で日々変化していく物事は、時に私たちの心を奪い、曇らせます。さらに重要な役職につく人物や、ぎりぎりの状況下で決断をくださなくてはならない人物においては、外からの誘惑に心奪われていてはいざというときに機会を逃してしまいます。

決断力やリーダーシップを養うために、精神を鍛錬し、己に打ち勝てるように、武家の指導者は禅に親しみ、坐禅により精神鍛錬に励んだのです。

心身修養に活用された時期

江戸時代までは武士の世の中でしたが、明治になると、時代は「武士」から「国民」中心に政治や経済が変わっていきました。仏教は明治の初頭に弾圧を受けましたが、やがてそれも落ち着くと、**僧侶は大衆に身近な存在として、仏教の教えを自由に布教するようになりました。**これはかなりの大転換です。それまでの寺社は幕府に護られ、為政者《いせいしゃ》との交流が大きな役割を占めていたのですが、明治になると各宗派が宗教団体として自由に布教を行い、教団を自分たちで拡大する時代になったのです。そのような中で、明治末から大正期にかけて、民衆の信者は積極的に仏教を学んだり、信仰を深めるようになりました。また、坐禅をベースとした呼吸法や姿勢を正して集中力を高めるさまざまな**「心身修養法」の研究や教育が、当時の日本では実に盛んになされました。**

「修養」とは現代ではもう聞きなれない言葉になっています。しかし日本の近代教育では、「教養」の前に修養が大切にされていました。修養とは人間性向上にかかわる部分で、**主に礼儀・作法などの型から入り、身体感覚として身につけられるもの**を指します。頭で知識や理解を深める教養とは違い、修養は体験をともなうのが特徴です。修養の中には、呼吸法や瞑想法なども含まれ、人々の心をしっかりと育てる**体験型の心身の鍛練法**として重んじられました。

この時期、多くの書籍で「静かに座って心を静める」ことが取り上げられました。旧五千円札の肖像画になっている新渡戸稲造《にとべいなぞう》は『修養』という本を書いていますが、その中に「黙思」という章があり、**静かに座ることで自己を調える**ことを勧めています。

また、岡田虎二郎《おかだとらじろう》（一八七二年〜一九二〇年）という人物が創始した**岡田式静坐法は**、とても人気がありました。実践者には都市部の中間層からエリート層の人々が多く、教師や学生、政治家や軍人など、熱心な弟子が多くいました。

岡田式静坐法は坐禅と似ていますが、若干やり方が違います。座り方は日本の正座に似た座法を行います。

まず足を深く重ねて正座し、下腹部（丹田）に力を込めます。手は親指を握って組み、ひざに置いて、あごを引いて呼吸は鼻から行う、といった具合です。**体力をつけたり精神を安定させるといった具体的なメリットを明示し、技法がマニュアル化されている**ので誰にでも取り組めたようです。

この頃には、西洋から科学的な思考法が入ってきており、瞑想を行ったときの効果などが詳しく説明されるようになりました。また、誰にでも伝わる分かりやすい指導法が好まれ、技術的な面が洗練されていきました。

明治以降には日本の教育政策が進み、海外からやってきた当時最も新しい学問として「哲学」が広く知られるようになりました。そのうちに、日本に根づいた仏教思想が海外から輸入した哲学に活かされるようになり、**やがて禅の思想が哲学にも取り入れられました。**

京都大学で日本の哲学研究の礎を築いた西田幾多郎《にしだきたろう》教授や、欧米に禅を紹介した鈴木大拙《すずきだいせつ》といった有名な哲学者は、坐禅を実践しながら、その体験を研究に活かし、日本独自の哲学の構築を目指しました。

現代の医療・精神衛生に活用される時期

日本では大正時代まで民間の修養運動が盛んでしたが、一方その頃には、**多くの僧侶が海外にわたり、禅文化を北米やヨーロッパにまで伝えていきました。**

その教えは時代とともにじわじわと広まり、やがて海外でも坐禅瞑想の効果に気づきはじめた人々は、盛んにその有用性を科学的に解明する研究を進めていきました。そして今では海外に禅センターが設置されるまでに発展し、外国人の参禅指導者も増えているようです。

最近、**アメリカでは「マインドフルネス瞑想」と呼ばれる、呼吸や姿勢に意識を**

向けるエクササイズが流行しています。もともとこれらは、坐禅のような仏教瞑想やヨガなどの東洋の瞑想からヒントを得たもので、ストレス軽減や集中力養成のため、心理療法や企業研修などに導入されています。これは日本の修養運動とも似たような流れですが、科学や医療が進んだ現代の技術によるものなので、その指導方法や解説方法も今日的《こんにちてき》にずっと分かりやすく洗練されています。

坐禅のような仏教瞑想が科学的に研究されるようになった頃から、坐禅中の脳波の計測が可能になりました。坐禅瞑想中の僧侶と一般人の脳波をはかり、その差異はどのようなものであるか、科学的に比較しながら調査された時期があります。その結果、**坐禅中にはリラックス時に出る脳波であるα派が計測されるということが分かりました。**

近年になると脳波にかかわる分野だけではなく精神医療の分野で、うつ病の再発防止などに効果のある認知行動療法の新たな技法として、**仏教的な瞑想やヨガが取り入れられた「マインドフルネス療法」が開発されました。**

この流れは、一九七九年にマサチューセッツ大学の医学部の教授であった、ジョン・カバット・ジンがはじめた「マインドフルネス・ストレス低減法」が嚆矢《こうし》となります。これが後に、うつ病などの精神疾患への対処療法を目指す認知行動療法と統合され、現在ではうつ病に最も有効とされる第三世代の心理療法に位置づけられました。この心理療法は、**坐禅のような瞑想やヨガのようなストレッチ等の訓練を通じて、ネガティブな思考や感情を冷静に受けとめたうえで、それを受け流す能力を高めるもの**です。これが、うつ病への対処能力に効果があると考えられています。

この心理療法は、病《やまい》を抱える患者だけではなく、ストレスを抱えて働く一般の人たちにも有効であることが知られるようになっていきます。

ストレス低減療法といった医療分野からはじまったこのマインドフルネスは、洞察力や創造性、集中力の向上といった能力開発目的で、企業や学校が現在本格的に導入しています。

そんな中いち早くこれを取り入れたのは、ＩＴ業界の大手企業グーグルで、二〇〇七年からマインドフルネスのためのプログラムを開始しました。ＩＴ関係の人たちは、一日中モニター画面と向き合って集中し続けるという、特にストレスのかかる環境の中で創造的な発想を導かないといけないため、このプログラムは非常に重宝されているようです。このプログラムは、チャディー・メン・タン著『サーチ・インサイド・ユアセルフ――仕事と人生を飛躍させるグーグルのマインドフルネス実践法』（英治出版）という本にまとめられ、世界中でベストセラーになっています。

さらには、アップル、ナイキ、P&G、マッキンゼーが同様の取り組みを実施しており、アメリカのビジネス界ではマインドフルネスがブームになっているといえるでしょう。

企業に限らずスタンフォード、ハーバード等の大学でも、関連した研究やトレーニングコースが提供され、学生の人気を集めています。

直近では二〇一四年に、インテルが世界六十三カ国、約十万人の従業員にマインドフルネスのトレーニング導入を進めています。千五百名の参加者による効果測定が行われ、ストレスや仕事のひっ迫感の低減、健康や幸福感の増進、洞察力や創造性、集中力の向上が見られたとのことです。

マインドフルネスとは、そもそも仏道修行の八正道《はっしょうどう》という八つの具体的な修行内容のうちのひとつである「正念《しょうねん》」に着想を得ています。心理療法としてのマインドフルネスは、今の瞬間、現実に常に気づきを向け、その現実をあるがままに知覚して、それに対する思考や感情にはとらわれずにいる心の持ち方や存在のありよう、と定義づけられています。現代社会において、思い込みや感情からいったん離れ、現実をありのままに知覚するスキルは、自己管理、対人関係、重要な意思決定、イノベーションの発想等、さまざまな領域でとても有益であると考えられています。

イス坐禅に役立つ研究成果

ここまで、坐禅が一般の生活にどう活用されてきたかをざっと振り返ってきました。ここからは、この長い経緯の中で培われてきた研究成果をまとめておきたいと思います。ここで紹介する事柄は、イス坐禅を効果的に行うためのコツや技術の基礎になるものなので、大まかにその枠組みをとらえておきましょう。

人間が生きていくには、やはり体が資本です。まず最初に体を健康な状態にしておくという面から、坐禅と体と心の健康にかかわる研究成果を紹介します。

体と脳の生理学〜自律神経を整える呼吸法

武士の鍛錬に見たように、**坐禅により呼吸を整えれば、自分の体と心の深い部分をコントロールできる**ことが知られています。

この深い部分とは、体の面で見ると、どうやら自律神経に大きく相当するということが分かっています。自律神経は、生命の維持に必要とされる基本的な機能（心臓や肺などの命にかかわる内臓器官）をつかさどります。意識とは無関係に自動的にこれらの機能を調節し、環境に適応するために体を一定の状態に保ってくれている神経系です。自律神経は普段は自動的に体を調えてくれていますが、ストレスなどの強い刺激によって知らないうちに働きが落ちてきます。すると免疫力が弱まるなどして体の調子が落ちてきます。**呼吸法により息を正しく整えることで、この崩れた自律神経の働きを正常な状態に導くことができるといわれています。**

意識して呼吸をするとセロトニンが分泌される

次に、心の部分にはどう影響するのかという研究を取り上げます。心にかかわる分野として、ここでは特に脳科学に関するものを紹介します。最近の研究によると、**坐禅を行うと脳内の神経伝達物質の調和がとれる**ことが分かってきています。

脳内には、人間を人間らしくするために働いている神経伝達物質があります。それは主に三つあり、順にドーパミン、ノルアドレナリン、セロトニンです。

ドーパミンは人間の意欲の部分、やる気を促すものです。報酬が得られたときなど「**快**」**の刺激によって活性化**します。この作用で、人間は目標に向かって意欲的になって行動することができます。

ノルアドレナリンは、逆に「**不快**」**な刺激により活性化**します。ノルアドレナリンはいわば脳の危機管理センターの役割をしており、外敵や不快なストレスなどに接した際に分泌され、「怒り」や「危険回避」を促します。

セロトニンは、このふたつとは違って独特の働きをします。セロトニンは私たちに精神の安定やより良い睡眠をもたらしてくれます。別名「**幸せホルモン**」とも呼ばれ、人間に**幸福感や充足感を与える役割**を担《にな》っています。

ドーパミンとノルアドレナリンは、脳内を興奮させる物質です。両者は人間の生活に必要不可欠な反面、ストレスなどにより過剰に分泌されると脳が暴走してコントロールできなくなります。この暴走を押さえてバランスをとり、私たちに**心の安定をもたらしてくれるのがセロトニン**なのです。セロトニンは他のふたつをコントロールする役割を持ち、脳内の調整役に回る、いわばオーケストラの指揮者のようなものだそうです。

このセ**ロトニンは、坐禅のような意識して呼吸を行うことによって分泌を促すことができます**。これは東邦大学・有田秀穂《ありたひでほ》教授の研究によって明らかになっています。有田教授は長年、神経生理学に携《たずさ》わり、坐禅の呼吸法とセロトニン神経の関係に着目して「セロトニン研究」の第一人者といわれています。

現代はストレスの蔓延《まんえん》する時代です。過剰なストレスにさいなまれると、脳内のふたつの興奮物質が暴走し、健康を害したり、うつ状態になってしまうようです。脳科学の専門家は、このような**うつ病などの症状は、脳内から分泌されるセロトニンの不足によって起こる**ということを明かしています。ストレスに満ち、とかく興奮状態に陥ることが多い現代人にとって、**坐禅のような呼吸を意識して行う瞑想法は、心の処方箋《しょほうせん》となるのではないでしょうか。**

認知を調える心理学

次に、坐禅が人間の「認知」の改善につながるという研究をご紹介します。

認知とは、人が「物事を知る」過程や仕組みのことです。耳慣れない言葉ですが、主に心理学などで用いられています。この認知の機能があるおかげで、人の脳は外界からもたらされる膨大な情報や刺激を取り入れ、一瞬で処理し状況に応じて行動を起こすことができます。

私たちの脳は、外界で起こる出来事のすべてを受け取ってしまうと容量オーバーし、パンクしてしまいます。そのため脳は、受け取る情報を一瞬で取捨選択《しゅしゃせんたく》しているのです。受け取った情報は何らかの意味づけを行ってから、出来事に対してどんな行動を起こすのかを考えることになります。この過程は一瞬で、しかもほとんど自動的に行われているため、自分で認識することはほとんどありません。

一連のプロセスがきちんと行われ、自分にとって有益な行動を導いている場合は良いのですが、時としてこの大切なプロセスに「ゆがみ」が生じてしまい、考え方が非合理的で非論理的になって、ストレスを生んでしまうことが分かっています。これは「認知のゆがみ」と呼ばれるものです。

例えば、ある人が会社で上司から厳しく叱られたとします。するとその人は、「もう自分に未来はない」と考えてしまいました。普通の人ならば、上司から叱られたぐらいでは「未来がない」というほどの極端な考えにはたどり着かないでしょう。しかしこの人は、「叱られた」即座に「未来がない」という、非合理的な結論を導き出しており、考え方に飛躍が生じています。このような考え方の極端な飛躍の原因は、認知のゆがみと思われます。認知のゆがみにはいくつかのパターンがあるそうですが、この場合、実際にはちょっとした失敗でも、取り返しのつかない最悪の失敗をしたと感じる、「破局化」を自動的に行っていることが考えられます。

この他にも、「どうせ私は何をやってもうまくいかない」と考える「どうせ思考」や、「自分の言うことを聞かない者はすべて敵だ」と白黒つけないと気がすまない「白黒思考」など、パターンは数種類あります。

ストレスを抱え込みがちな人は、こうした認知のゆがみを頭の中で発生しやすい人といえます。これは、本人も知らないうちに行われ、ストレスの原因になっていることが多いそうです。このようなストレスを抱える人々の苦しみや悩みを解消するため、さまざまな心理療法が研究されてきました。なかでも現在は、**第三世代の認知行動療法として、「マインドフルネス認知療法」というものが開発されています。**

先に説明したように、マインドフルネスとは八正道のひとつである「正念」に着想を得た言葉です。日本には、そもそも「いまここぞという大事な局面」を意味する「正念場」という言葉があるように、「今ここ」という瞬間を大事に扱う姿勢は昔から重要視されてきました。現代におけるマインドフルネスは仏教を起源としていますが、必ずしも信仰と深く結びついたものではなく、坐禅の瞑想法を中心に、ヨガを含めたさまざまな瞑想法からエッセンスを抽出し、目的に応じて体系化された科学的なトレーニング方法とみなされつつあります。

これらのトレーニングは、**瞑想等の訓練を通じてネガティブな思考や感情を冷静に受けとめたうえで、それを受け流す能力を高めるもの**です。そのことが、うつ病への対処能力に効果があると考えられています。

人格形成にかかわるもの

ここまでは、体と心を健康にし、認知の機能を調えて物事の観察の仕方を正しくするという、坐禅の効果に関する研究を見てきました。

次の段階では、人の生き方、人生を調えるという人格形成の領域に入っていきます。この領域は一般の方が坐禅に求めるもののうちでは、かなり高い次元にあるといえるでしょう。

先の歴史で見たように、**その昔の武士の指導者層や偉人たちは、坐禅瞑想や禅の思想によって人格の形成に努めていました。**

坐禅を実践した偉人の中で歴史的な人物といえば、明治期は江戸城の無血開城の立役者となり、剣・禅・書の達人であった、**山岡鉄舟**《やまおかてっしゅう》などが有名です。その山岡鉄舟が開基となった東京は台東区谷中、全生庵《ぜんしょうあん》に**中曽根康弘**《なかそねやすひろ》**元内閣総理大臣**が坐禅をしに通っていたことが有名です。近年では、**安倍晋三**《あべしんぞう》**内閣総理大臣**もこの全生庵に坐禅を組みにきていたとニュースになっていました。また、ビジネスマンではアップル創業者の**スティーブ・ジョブズ**や京セラ創業者の**稲盛和夫**《いなりかずお》など、時代を代表する多くのリーダーが坐禅をしています。

人のうえに立つリーダーが、いざというときにポッキリと心が折れてしまうような人であったなら、誰もそんなリーダーにはついていかないことでしょう。人の上に立ち人を導くリーダーは、人格者であり、「強い心」を持っていて欲しいものです。

現代では、リーダーに求められる人格者としての心の強さのあり方についても研究が進んでいます。

近年、**心の強さを「レジリエンス」という言葉で表すようになりました。**このレジリエンスは、ポジティブサイコロジー（positive psychology）という、新しい心理学で使われるようになってきています。

ポジティブサイコロジー（ポジティブ心理学）は、アメリカの心理学者マーティン・セリグマン博士が提唱した新しい分野です。従来の心理学がうつ病などのマイナスの症状をゼロにすることを目的にしたのに対して、ゼロをプラスに向けることを目的としています。その目標は、普通の人が「〝幸福〟を感じ、より良く生きる」（＝well-being）ことにあり、どうすれば生きがいを感じ、本当に幸せに生きられるのかを研究しています。

セリグマン博士は研究により、**自分の強みを活かしたときに得られる満足感や充足感が、その人の幸福感を高める**ことに気づいたそうです。そしてこの幸福感をどうやったら毎日、継続して得ることができるかの研究をはじめたとのこと。

その研究では、**幸福に生きている人は楽観的で、失敗をしても前を向いて困難を乗り越えていける力が備わっていることが分かった**そうです。その力、心の強さをポジティブ心理学では「レジリエンス」という言葉で表しています。

レジリエンスとは「回復力」や「逆境力」などと訳されていますが、もともとは中世ラテン語に由来し、「再び跳ねる」という意味なのだそうです。

レジリエンスは、もともと「ストレス」と同じ物理学の用語で、**ストレスが「外からの力によって生じるゆがみ」**という意味なのに対して、**レジリエンスは「外からの力によるゆがみを跳ね返す力」**という意味で使われています。人間も含めて、物質は圧力がかかるとへこんでしまいます。しかし大切なのは、たとえへこんでも、柔軟に衝撃を吸収しながらもとに戻る力です。

かんたんにいえば、レジリエンスとはストレスを受けてもいち早くもとの形に戻る力のことで、さらにストレスから回復した後は、もとの状態よりも成長をする能力までも含まれています。ちなみにレジリエンスの反対の意味は「脆弱性《ぜいじゃくせい》」で、ストレスに対して抵抗力がなく弱々しい状態を意味します。

リーダーが身につける力ということでいえば、レジリエンスは逆境や困難に対しての「たくましさ」ともいえます。

日本ではまだ新しい概念なので十分な説明が定着していませんが、アメリカ心理学会では、逆境や困難、強いストレスに直面したときに、それに適応する精神力や、跳ね返すための心のプロセスを示すと定義づけられています。

このレジリエンスには、すぐに立ち直ることができる回復力と、ストレスやプレッシャーをしなやかに受けとめられる柔軟性と、変化に対応する適応力が必要だといわれます。

困難を乗り越えられる、逆境に強いリーダーの心の強さの秘訣は、ここにあるようです。また、このレジリエンスの力は、筋肉のように鍛えられることが分かっています。

アメリカ心理学会のホームページでは、**レジリエンスの力を高める十の方法**が紹介されています。

・人と交流する。
・困難を克服不可能な問題として見ない。
・変化を人生の一部として受け入れる。
・目標に向かって進む。
・断固とした行動を起こす。
・自分を発見する機会を探す。
・前向きな自己評価を育《はぐく》む。
・事実を正しくとらえる。
・前途に希望を持ち続ける。
・自分自身、そして他人を大事にする。
（参照『月刊 人事マネジメント』２０１２年８月号）（国際ＥＡＰ研究センター主席研究員 小林絵理子博士・和訳）

ある研究では、レジリエンスの力を獲得するためには、大きく分けてふたつのスキルが必要だといわれています。

ひとつは、**困難な状況に直面したときのネガティブな感情に気づく「自己発見」のスキル。**もうひとつは、**今の自分を変えたくないという、こり固まった考え方を脱して、変化を恐れずに前向きに生きる「自己変革」のスキル**です。

レジリエンス力を高める際には、自分の感情を客観的にとらえたり、変化を起こす際に心を静めて集中できるよう、坐禅のような呼吸法の実践が勧められています。

また、「自己変革」をする力を高めるために、物事を大局的に見て、小さなつまずきで失敗しても、大きな目標を見失わずに前向きになれるように、考え方の改善が勧められます。これには、先に紹介した、無学祖元禅師の五箇条の要訣と共通するものがあります。

執着（迷い）を捨てて「目先のことに惑わされない、広く大きな心持ちになりなさい」という「大局観」を指導したり、**「いつも勢い盛んで勇敢でありなさい」と前に進む勇気**を指導する無学祖元禅師の言葉は、現代にも通用するレジリエンスの智慧《ちえ》なのかもしれません。

人格の形成という面では、坐禅だけではなく、日頃の心の持ちようについて、禅の思想や教えが参考になる場合が多いようです。

さて、ここで、現代の坐禅や瞑想に関係する研究の全体像を眺めておきましょう。

坐禅に役立つ研究の概観

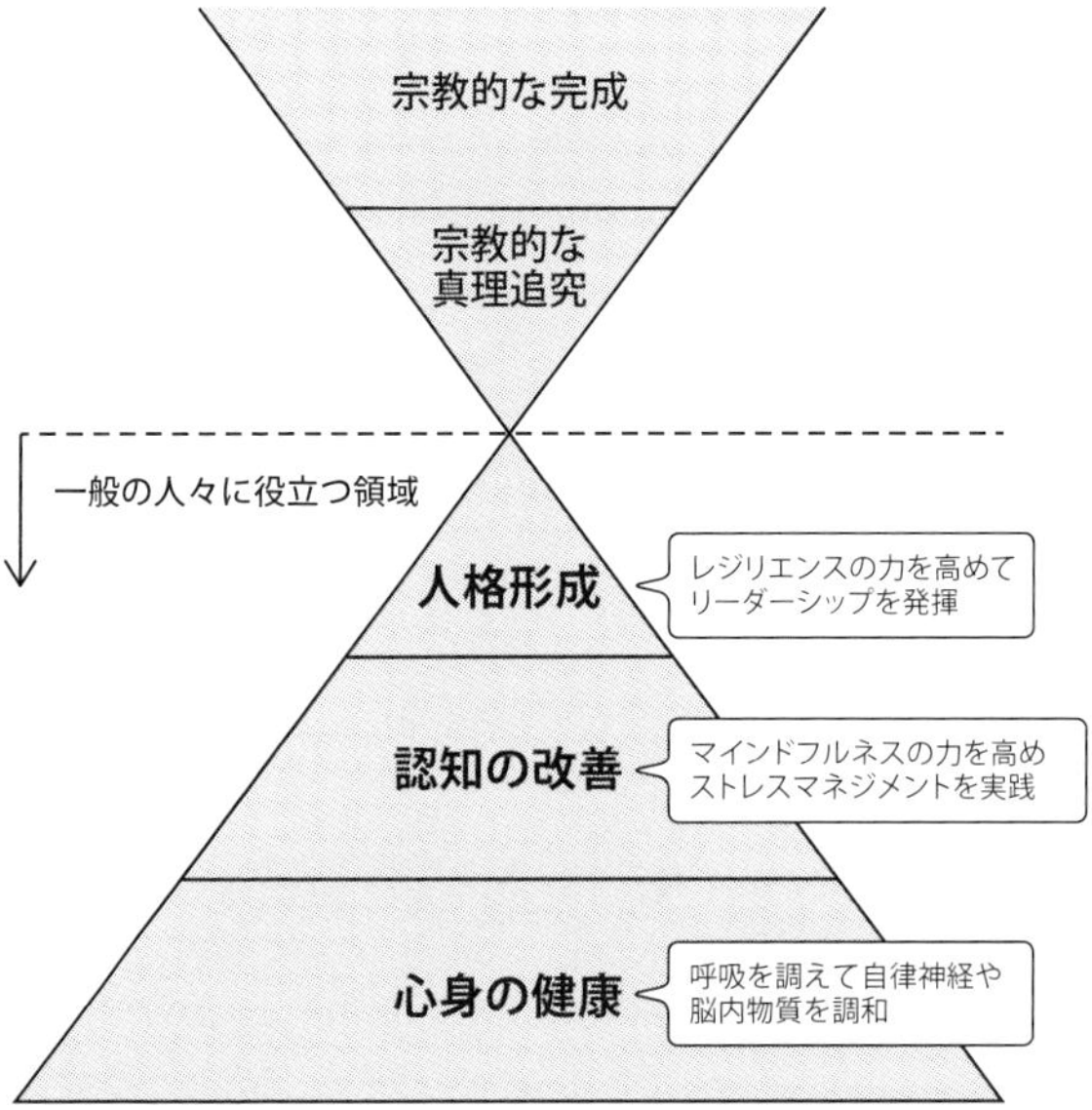

三角形で示しましたが、まず土台には、人間存在の基礎となる体と心の健康に関する研究があります。

次に、認知や行動の改善に関する研究があります。最後に人格形成の領域がありります。

本書では、現代を生きる一般の人々の生活で活用するための研究を中心に紹介しました。信仰を持って行う熟練者にとっては、さらにこの先に宗教的な真理の追究があったり、宗教的な完成を目指すという領域があることになるでしょう。

この図が坐禅にかかわるすべての研究を網羅《もうら》しているわけではありませんが、多くの研究成果をざっと概観《がいかん》して、体系的に坐禅を理解することに役立つと思います。

67

第三章
社会で活用される
坐禅の
身体技法の要素

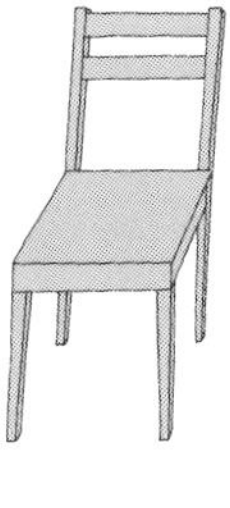

04

第四章

イス坐禅は調和が大切

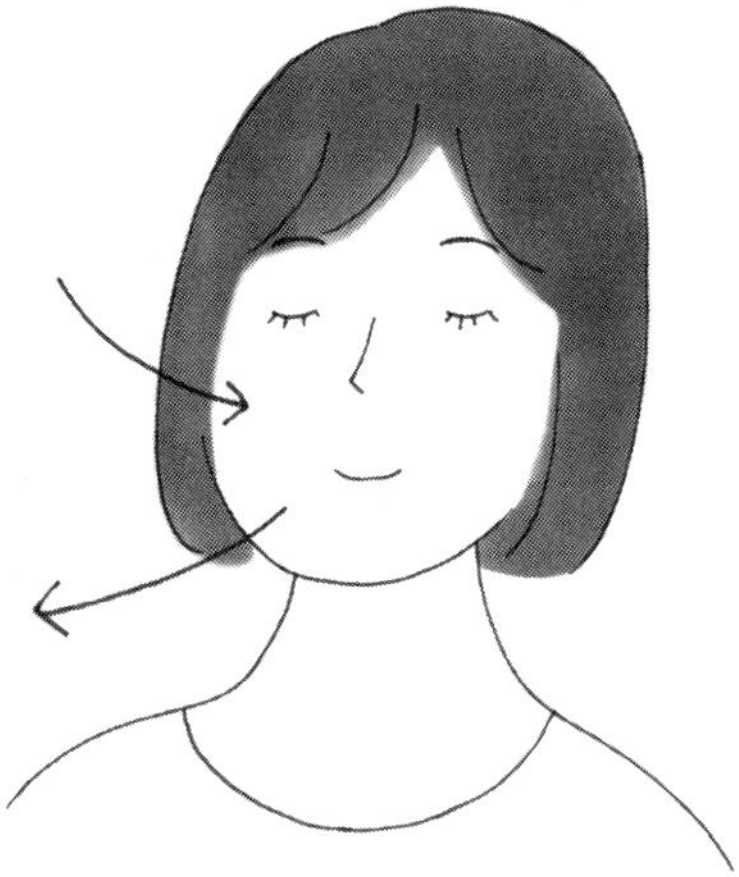

仏教が目指す調和のとれた生き方

坐禅のような静かに行う瞑想のコツは、ずばり**体と心の調和をとること**にあります。

坐禅によりお悟りを開かれたお釈迦さまがとても大事にされたことは、調和がとれて、調えられた人間のあり方です。

「過ぎたるはなお及ばざるがごとし」ということわざがあります。行き過ぎた極端なものは、私たちの生活にあまり役立つものではありません。

調和をとるためには、**極端でかたよったものから離れることが大切なコツ**になります。それはイス坐禅を行ううえでもとても大事な考え方ですので、ご紹介したいと思います。

仏教ではさまざまな極端を明らかにして、そこから離れた調和のとれた正しい道を歩むことを勧めています。

人間の生き方は多様ですが、お釈迦さまは避けなくてはいけない極端な二種類の生き方を説いています。ひとつは、**快楽を求めて自分の欲のままに贅沢をしたいと**

いう**極端な生き方**です。もうひとつは、**人間の力を超えた見えない力を得ようとして、自分の体を痛めつけ、むやみに苦しい状況を好んで歩むという極端な生き方**です。これは、お釈迦さまが自分の人生経験から得た重要な教訓でした。

お釈迦さまは修行者になる前は、シャカ族という一族の王子でした。王子の時代は、春夏秋冬それぞれの季節にふさわしい豪華な王宮を持っていたようで、たいへん裕福な暮らしをしていたようです。父親である王は、ひとり息子で跡取りの王子に何不自由なく暮らして欲しいと、あらん限りの贅を尽くした生活をさせたそうです。しかし王子であるお釈迦さまは、そのあまりに豪奢《ごうしゃ》な享楽《きょうらく》の生活にむなしさを感じてしまうようになりました。

きっかけは、街で見かけた老人や病人や死者だったと伝わっています。彼らを見たお釈迦さまは、いくら贅沢に暮らしても、自分も人間であればいつかは老いて病気にかかり、やがては死にゆく運命であることを知り、この運命の前に欲望を満たす暮らしがむなしく感じられたのです。

やがて王子は森で苦行の生活をする聖者の生活にひかれ、三十六歳のときに王宮を抜け出し、森に入って苦行の修行者となります。はじめに王子は二人のヨガの仙人につきました。その当時のヨガは、インドの神々が持つ人知を超えた力を得ようと苦行を行うもので、やがてその二人の境地を会得《えとく》するも、心は満たされませんでした。そこでさらに苦しい修行を実践する苦行者が集まる森の中で、数人の仲間とともに死をもいとわず苦行を行い、最後には断食行で骨と皮だけになるほど励みました。

しかし、そこまでしても理想の境地に達することができず、六年間も熱中した苦行をやめて森を出ていきました。

お釈迦さまは苦行でやつれた体をひきずり、ガンジス川のほとりにある大きな菩提樹の陰で坐禅を組みはじめました。静かに座って自分と世界を観察するうちに、本来の自分のあり方や世界のことわりがたちどころに体得できたそうです。**坐禅を組みはじめて八日目の朝、明けの明星を見てお釈迦さまは悟りを得ることができた**そうです。

お釈迦さまが得た究極の悟りのことを「**涅槃《ねはん》（ニルヴァーナ）**」といいますが、この悟りの境地は「**涅槃寂静《じゃくじょう》**」といわれるように、**静寂に満ちた心やすらかな境地**であったと伝えられています。

ひたすらに欲望を求める生き方にも、苦痛に満ちた苦行にも欠けていたものは、心の静寂や心のやすらかさであったのです。

お釈迦さまはこの体験を後に何度も弟子たちに語ります。その教えは、**「苦と楽から離れて調和のとれた、人間のあり方の中で最も調った静寂でやすらかな生き方」**として、重要な考え方となりました。これは「中道《ちゅうどう》」と呼ばれ現代にも通用する優れた考え方だと思います。

快楽におぼれて欲のままに生きることはキリがありません。あれも欲しいこれも欲しいと考えると、熱に浮かされたように目の前に現れる欲望を追い続けることになります。一見素直で自由な生き方に見えるかもしれません。しかし求めたものが得られないときの苦しみや、得たとしてもそれを失ってしまうときの苦しみを想像してみてください。それは欲望の炎にいつも身を焼かれているようなもので、とても辛い生き方なのです。

一方で、人は見えない力を求めて、苦しい道をあえて歩むことがあります。かつては神々の力でしたが、現代社会では見えない権力や権威、地位にあたるでしょう。それを得るために、激しい生存競争の中で、お互いに蹴落とし合い、傷つけ合いながら生きる。はたから見ればまさに苦行のように、自分の力を得ようとひたすら苦しいいばらの道を歩むことも辛い生き方に違いありません。

この両極端な価値観から離れることで、心の「静寂」や「やすらぎ」の中で生きていくことができるのです。

仏教において、心の静寂を得る方法の根幹には、お釈迦さまを悟りに導いた坐禅があります。

坐禅が目指す調和

仏教では、「中道」の考え方のように、離れるべきふたつの極端を分かりやすく紹介し、かたよらずに心身の調和をとる方法をさまざまに説きます。

ここで、坐禅の最中に離れなくてはならない極端を紹介します。そのふたつの極端とは**「昏沈《こんじん》」（＝やる気がなくダラけた気分）**と**「散乱」（＝イライラして散漫な気分）**です。

「昏沈」とは昏《くら》く沈んでいくような心の状態、かんたんにいえばダラダラと過ごしたくなる気分で、眠気ややる気の無さにつながります。要は、気持ちが緩んでいる状態のことです。「散乱」とは集中していない状態で、イライラと心がかき乱されている気分です。この気分のときは、ピリピリと気持ちが張り詰めて、緊張しっぱなしの状態となっています。

このふたつはちょうど相対する極端な状態で、**どちらも坐禅をする際に特に私たちを悩ます障害となるもの**です。

この昏沈散乱のふたつの極端から離れることを説くお釈迦さまの逸話がありますので、ここでご紹介します。それは「弾琴《だんきん》」の喩《たと》えとして知られるお話です。

あるときに、悟りをいち早く得ようと修行をがんばりすぎてしまうソーナという修行僧がいました。一生懸命になるあまり自分を見失っている状態になって苦しくてたまらないソーナは、お釈迦さまに相談にいきました。そこでお釈迦さまは、ソーナに次のように語りかけます。

「ソーナよ、琴を弾くにはあまり絃《げん》を強く張ってはよい音は出ないであろう、また、絃の張りが弱すぎてもよい音は出ないであろう、
ソーナよ、仏道の修行も、まさにそれと同じであり、
刻苦に過ぎては、心たかぶって静かなることが出来ず、
弛緩《しかん》に過ぎれば、また懈怠《けたい》におもむく。
ソーナよ、なんじは、琴の音を調える時のように

その中をとらねばならない」

（参考・増谷文雄『仏教百話』筑摩書房）

この言葉により、ソーナは悟りを得ようと焦るあまりに、自分の心がたかぶりすぎて、坐禅を静かに落ち着いた心で実践できていないことに気づきます。ソーナはこの教えをかみしめて、修行の際は力みすぎず、かといって緩みすぎず、最も調和のとれた状態に自己を制御して坐禅瞑想に励みました。その甲斐があり、ソーナは悟りの境地に至ることができたと伝えられています。

弦を張りすぎる状態とは、緊張して落ち着きのない散乱の状態を指します。弦を緩めすぎる状態とは、力が抜けすぎて怠惰になってしまう昏沈の状態を指します。**坐禅に励むときには、このふたつの極端から離れ、本来の自分の姿ともいえる最もポテンシャルを発揮できるバランスのとれた状態に調えなくてはならない**のです。

ストレスを知れば怖くない

これまで坐禅中の調和がいかに大事かを説明してきましたが、この調和の障害となるのが、現代でいうところのストレスです。ストレスによって引き起こされる問題は、かんたんにいえば**体と心が乱れて調和を失ってしまうこと**です。

現代はストレスの時代といわれていますが、何がどうなることをストレスというかは、あいまいなのではないでしょうか。ここで、調和を邪魔するストレスについての理解を深め、情報を整理しておきましょう。

今でこそストレスという言葉は人間のメンタルにかかわることに使用することが多いと思いますが、もともとは物理学の用語でした。ある物体に外圧がかかることによって生じたゆがみを意味する言葉です。

例えば、ここにゴムでできたひとつのボールがあるとします。ボールを指で押して力を加えると、ある程度までは反発してもとに戻ろうとする作用があり、形を変えることはありません。けれど、ある時点で指の力に耐えられなくなると形がゆがんだままになり、もとに戻らなくなります。

この指で押す外からの力を**「ストレスの要因」**といい、ボールがもとに戻ろうとする力を**「ストレスの耐性」**といい、ボールが外からの力に押し負けてしまって、形を変えてしまう状態を**「ストレス反応」**といいます。

このストレスの概念を医学に取り入れたのが、カナダの生理学者ハンス・セリエです。セリエは、さまざまな刺激によって体や心に生じたゆがみを「ストレス」、ゆがみの原因となる刺激を「ストレッサー」と定義づけました。また本来、私たちの体に備わっているストレッサーへの防御機能を「ストレスへの耐性」と位置づけました。このストレスへの耐性があるおかげで、私たちは心身への影響を少なくすることができています。ストレス耐性は、ボールが外圧を跳ね返すように自分がもとの状態に戻ろうとする力なので、ストレスへの対処にはこの**ストレス耐性が重要なカギになります。**

先ほどのボールをひとりの人間と見立てて、この三段階をもう少し詳しく見ていきましょう。ストレスの要因となるのは、人間に悪影響を与える外界からの刺激のことです。この刺激にはさまざまなものがありますが、大きく分けると次の三つになります。（参考：厚生労働省委託事業　働く人のメンタルヘルス・ポータルサイト「こころの耳」）

・物理的ストレッサー（暑さや寒さ、騒音や混雑など）
・化学的ストレッサー（公害物質、薬物、酸素欠乏・過剰、一酸化炭素など）
・心理・社会的ストレッサー（人間関係や仕事上の問題、家庭の問題など）

普段私たちが「ストレス」と呼ぶものの多くは、この「心理・社会的ストレッサー」のことを指しています。

例えば、職場では仕事の量や質が原因となったり、対人関係の問題がストレスを引き起こすことがあります。また、「定年まで会社がつぶれないだろうか？」などという将来の不安なども原因となるでしょう。家庭では親や兄弟、親戚との人間関係や夫婦関係などが原因となります。経済的には「老後のためのお金は十分あるだろうか？」などと不安に思うことも要因になるでしょう。ふと誰でも考えてしまうような悩みや不安がどんどんと募《つの》っていき、ストレス反応が引き起こされます。

ストレスに起因する反応はさまざまですが、心理面、身体面、行動面の三つに分けることができるそうです。

・心理面での反応（活気の低下、イライラ、不安、気分の落ち込み、興味・関心の減退など）
・身体面での反応（体のふしぶしの痛み、頭痛、肩こり、腰痛、目の疲れ、動悸や息切れ、胃痛、食欲低下、便秘や下痢、不眠など）
・行動面での反応（飲酒量や喫煙量の増加、仕事でのミスやトラブル、事故手前のヒヤッとする体験の頻発《ひんぱつ》など）

これらのストレス反応が長く続く場合には要注意です。過剰なストレス状態に陥っているサインかもしれません。これらの反応を目安に早めに自分の状態に気づき、ストレスの発散をすることが大切です。

ストレス反応の特徴は、緊張状態が長い間続くことです。なぜ持続してしまうのか？　そこを理解する例として**「おや！　なんだ？　反射」という生体反応**のひとつをご紹介します。

突然物音がしたり、視界に何かが急に飛び込んできたり、不意に何かが体に触れたとき、人間は瞬時にその「何か」を探し出し、危険を回避しようとします。

例えば夜中に暗闇で顔に何かが触れたとしましょう。その瞬間にドキッとして、おや！　さっき顔に触れたのは何だったんだ？　と心臓が高鳴り、あたりを必死に見回すでしょう。これが「おや！　なんだ？　反射」です。この瞬間、未知の何かに身構えてしまうために、体はきわめて高い緊張状態になります。その後、顔にさわったのが風にそよぐ柳の枝だと分かれば、「なあんだ木の枝か」とほっと胸をなでおろして、緊張状態が解けます。

「幽霊の正体見たり枯れ尾花」ということわざがあるように、「自分に危害を与えるのでは？」と思ったものの正体が分かって、それが何でもないと認識されれば緊張状態のスイッチがオフになるわけです。

しかし長期間の慢性的なストレスの場合には、緊張や身構えの程度が「おや！なんだ？　反射」ほど強烈な刺激ではないので、緊張のスイッチがオンになっていることに気づかないそうです。そのため**緊張状態が長く続いてしまい、心身が知らないうちに消耗して、さまざまなストレス反応の症状を招く**そうです。

ストレスへの対処は、根本的には**ストレスの要因となるものを取り除くのがひとつの方法**です。暑さ寒さや騒音がストレス要因ならば、この方法が良いでしょう。

ところが、職場や家庭での人間関係の問題や将来の不安などのストレス要因は、取り除くことが容易ではありません。なので、長く付き合っていくしかない場合がありますそのときにはもうひとつの方法、**「ストレスへの耐性」**の**強化が重要**になってきます。

ストレスとうまく付き合っていくためには、自分自身で心身の緊張といったストレス反応に気づき、それを解消していくストレス対処の方法（ストレスマネジメント）を知ることが大事です。

具体的には、まず**睡眠時間**をしっかりとったり、**適度な運動**を行うような、生活習慣を改善する方法があります。また、悩んだときに**サポートしてくれる人間関係**を持っておくことも大事になります。

最後に、**「リラクセーション」として、腹式呼吸法や瞑想、ヨガなどを行う方法**があります。このリラクセーションとは、心身の緊張を緩めることです。多くの場合、呼吸法、特にゆっくりとお腹で行う腹式呼吸が紹介されることが多いようです。また、ストレスにより緊張してしまった筋肉をほぐしてあげる、**ストレッチや筋弛緩法などが活用**されています。

リラクセーションの方法にはさまざまなバリエーションがありますが、なかでもリラクセーション療法の専門家で医師のハーバート・ベンソン博士が考案した、ベンソン法という方法は素晴らしい成果をあげました。ベンソン博士は、世界各地で行われている坐禅などの瞑想や祈りなど、精神統一によって得られる心の安定した状態を研究しました。そして人間がストレッサーに直面したときに出現するストレス反応と同じように、人間は本来リラックスする機能を持っていることを提言し、これを「**リラックス反応**」と名づけました。

ベンソン法の代表的な実践は、まず、くつろいだ楽な姿勢をとり、イスに深めに腰掛け、目を閉じて全身の筋肉をリラックスさせます。そしてゆっくり呼吸をしながら、呼吸に合わせて、自分で決めた特定の言葉、例えば「ONE（ひとーつ）」を頭の中で静かに繰り返します。これを十分前後続けます。

効果を得るためには条件があります。静かな環境で、無理のない姿勢で、雑念を払う工夫を行い、無理にリラックス反応を作り出そうと意識しすぎず、自然にリラックス反応が起こるのを待つというのがコツだそうです。

このベンソン法は、坐禅をはじめとする東洋の瞑想法がヒントとなった研究です。**仏教の瞑想法やヨガの瞑想法が、ストレスへの対処法として活用されている一例と**

いえるでしょう。このような研究によって、今では坐禅もリラクセーションを得られる方法として研究者の間で見直されています。

ストレスは、きちんとその仕組みを理解すれば、対処できないものではありません。そしてストレスの対処法のひとつとして、「かんたんイス坐禅」プログラムを加えてみてはいかがでしょうか。

調和のとり方を工夫しましょう

ストレスとは、外からの刺激によって自分の心身にゆがみが生じることだということが分かったと思います。大事なことは、**自分の心身のゆがみに気づいて、自分自身の深い部分をコントロールしながら、調和のとれた自己を実現すること**にあります。そこで課題となるのは、いったい「何」と「何」の調和をとればよいのか、ということでしょう。ここからは、そこを考えてみます。

体の調和〜緊張と弛緩のバランス

ストレス反応の「おや？ なんだ！ 反射」を紹介したように、ストレスとは緊張状態がずっと続くことです。体の反応では、緊張の反対は弛緩すること（＝ゆるめる）ことになります。緊張状態が続くのが原因なら、反対に緩め続ければいいんじゃないか？ そんな風に考えるのは当然かもしれません。しかし**「ゆるみすぎ」も、実は離れるべき極端のひとつです。**「ゆるみすぎ」はやる気がなくなり、眠くなったり怠惰な気分になりやすくなります。大事なのは、**緊張と弛緩のバランスをとることなのです。**

そもそも緊張と弛緩は、人間になくてはならない必要な反応です。このバランスが崩れると坐禅中の眠気やイライラを引き起こす原因となります。緊張がちょうどよく働くと「集中」という形で現れますが、緊張が過ぎると、イライラや落ち着きのなさとなって現れます。一方で、弛緩はちょうどよく働くとリラックスや「落ち着き」となって現れますが、行きすぎると眠気ややる気の無さとなって現れます。

ところで、**体の緊張と弛緩には、自律神経が大きくかかわっています。**自律神経は私たちの意思とは関係なく働き、生命の維持のために私たちの体の中を一定の状態に保ってくれています。まさに見えないところで自分を支える「縁の下の力持ち」

的な役割をしているのです。

外部の環境の変化に適応し、影響を最小限にするためにバランスをとり、内部の環境を一定に保つ。これはホメオスタシス（恒常機能）と呼ばれる機能です。

自律神経には、交感神経と副交感神経のふたつがあります。かんたんにいってしまえば、交感神経が優位になると私たちは緊張しやすくなり、逆に副交感神経が優位になると、弛緩しやすくなります。

交感神経は「昼の神経」とも呼ばれ、昼間の活動的なときに活発に働きます。いわば人間にとってのアクセルのような役割を担っているので、交感神経が働くと体はエネルギッシュになります。特徴としては、外敵から身を守る危機回避の際に活発になります。例えば強い恐怖を感じたとき、興奮したとき、激しい怒りを感じたとき、悩みや不安を抱えてストレスを感じているときなども、それらを危機と感じて交感神経が働きます。

反対に**副交感神経は「夜の神経」とも呼ばれ、体を緊張から解きほぐし、休息させる神経**です。いわばブレーキのような役割なので、副交感神経が優位になると、体も心も夜の眠りにふさわしい状態になります。特徴としては、体内の臓器の調子を整える役割を担います。食事をした後に眠くなったり、疲れたときに眠くなるのは、この働きのためです。

体は、この自律神経と深く関係した緊張と弛緩を交互に繰り返しています。例えば、息を吸うときには交感神経が優位になります。反対に、息を吐くときには副交感神経が優位になります。息を吸うときには適度に緊張してエネルギッシュになり、息を吐くときには体は弛緩してリラックスするわけです。

イス坐禅を行うときもこのような体の仕組みを知っておくと、自分の姿勢と呼吸を整えることがいかに大事かが理解できます。**適度な緊張**は、私たちに「**集中**」をもたらしてくれます。また、**適度な弛緩**は私たちに「**落ち着き**」をもたらしてくれます。きちんと両方のバランスをとるならば、私たちは**両方の反応の「いいとこどり」**ができるわけです。

先に坐禅中の避けるべき極端として「昏沈」と「散乱」を紹介しました。「散乱」の状態は交感神経が働きすぎた緊張の状態、「昏沈」の状態は、副交感神経が働きすぎた弛緩の状態と言い換えることができるでしょう。

坐禅中の背筋を伸ばした姿勢は、背骨を真っ直ぐにするための筋肉（脊柱《せきちゅう》起《き》立筋《りつきん》）

を刺激して交感神経に働きかけています。ですので背筋を伸ばす姿勢は、私たちに適度な緊張を与えてくれていることになるのです。一方で、ゆったりとした腹式呼吸は副交感神経を刺激します。

坐禅中に姿勢を正すことと呼吸を整えることが大事になるのは、このような体の仕組みによるものです。**「緊張」と「弛緩」のバランスをとって、より良い状態を維持することが坐禅の効果を最大限に発揮するためのコツ**となります。

吸う息と吐く息のバランス

呼吸について、もう少し掘り下げてみましょう。

私たちが普段行っている呼吸は、とても不思議な生命活動です。普段は意識をしなくとも、体が自発的に行ってくれています。一方で、気分転換に背伸びをするときなどは、自分で呼吸を制御しています。人間の生存にかかわる体の働きは、基本的に自分では制御できない仕組みになっていますが、唯一の例外として、**呼吸だけは自分の意思でコントロールできる「命の働き」**なのです。

呼吸を表す「息」という字は、自分の「自」に「心」という字から成り立っています。**自分の体と心をつなぐものが呼吸という働き**なのです。坐禅では、この呼吸の働きを利用して、自分の体を調整していきます。

その仕組みを見てみましょう。

基本的に私たちの体は息を吸うときには交感神経が優位になり、息を吐くときには副交感神経が優位になります。吸気は適度に緊張してエネルギッシュになるので、体にとってのアクセルのような働きをします。吸気は体はリラックスして機能を休めるので、いわばブレーキのような役割となります。

うまく呼吸が調っているときには交互に行われるこの緊張と弛緩が、アクセルとブレーキをうまく踏み分けているような役割を果たし、車でいえば快適にドライブしていることになります。

一般的には**交感神経よりも副交感神経が少し優位に働く方がベストバランス**だといわれています。しかしストレスの多い現代社会では、とにかく交感神経の高ぶった人が多いのが現状です。この状態が続くと常に緊張状態が維持されて体力を消耗し、免疫力が落ち、ホルモンバランスも悪くなり、体調を崩しやすくなります。

車で例えれば、急ブレーキや急アクセルを行うとノッキングしてしまい、うまく進みません。ストレスを感じて交感神経が高ぶりすぎているときには、浅くて速い不安定な呼吸となってしまい、不規則にノッキングしている状態になっているわけです。

私たちの体はストレスを感じると交感神経が優位になり、自動的に防衛態勢をとり、緊張状態をもたらして呼吸を乱してしまいます。

緊張しているときは、息を胸でするようになり浅い呼吸となります。視野も狭くなり、頭の働きはにぶくなってきます。

けれど、**意識しながら呼吸を深く長く規則正しくコントロールすることにより、自律神経のバランスを調えることができる**のです。

体が呼吸をするときの方法は、大別すると胸式と腹式になります。私たちは普段胸式呼吸をしていますが、この方法では呼吸が浅く短くなります。短い胸式呼吸では肺全体を使うことができず、吸い込んだ空気が肺の深部にまで到達せずに吐き出されるため、肺には炭酸ガスなどの不用なものが溜まっていきます。

一方で、腹式呼吸は鼻から息を吸いながらお腹をふくらませ、吐く息でお腹をへこませます。腹圧をかけるため、胸式に比べ呼吸のリズムが自然とゆっくりになります。

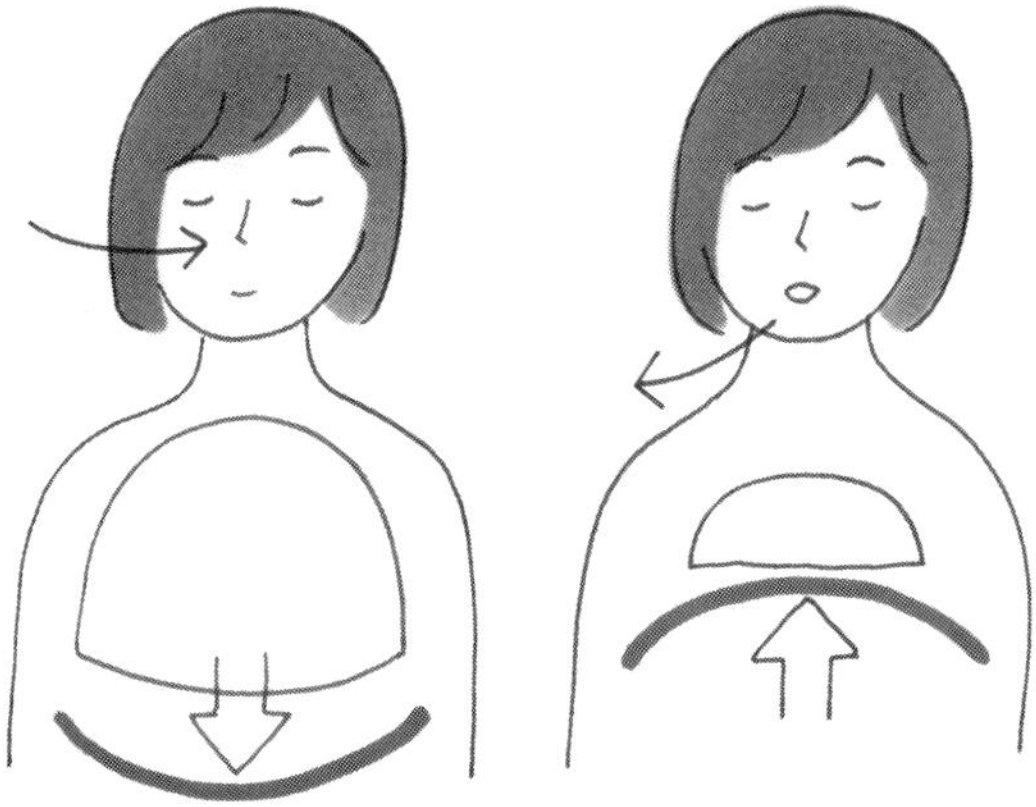

腹式呼吸をすると、肺の下にある横隔膜が上下運動します。この横隔膜には自律神経が密集しているため、吐く息を意識的にゆっくりとすればするほど自律神経を刺激し、副交感神経が優位になり、リラックスしていきます。

このような仕組みを理解して、「吸う息」と「吐く息」のバランスをとりながら、お腹の底からゆっくりと呼吸をするイメージを持ち、ゆったりと座ることが坐禅には重要です。

心の調和

毎日を心やすらかに暮らしたいと願う人が克服すべき執着や欲望を、仏教では「煩悩《ぼんのう》」と呼びます。煩悩とは、「わずらいなやます」ものという意味で、私たちの目を曇らせる、心にとっての根源的な毒であるといわれます。すなわち**「貪《とん》・瞋《じん》・痴《ち》」の三毒**があると説かれます。

「貪」とは強い欲望やむさぼりを意味し、必要以上に物を欲しがる心のことをいいます。**「瞋」は怒りの心**を表し、**「痴」は道理に迷う愚かな心**の意です。

先に紹介した東邦大学の有田秀穂教授は、ドーパミンなど三つの神経伝達物質が、この仏教の三毒と見事に対応しているとして、これらを照らし合わせて分かりやすい説明をされています。

まず**「貪」に対応するものはドーパミン**です。「報酬」が得られたときに分泌されるドーパミンは、適度に働いてくれると意欲的になり、やる気が促されます。しかし報酬を際限なく求めるときに、このドーパミンにかかわる神経は暴走し、人間は欲望が抑えられなくなったり、強い快楽の刺激に依存してしまうことが知られています。まさに、このような暴走した欲求が「貪」という煩悩と合致します。

次に**「瞋」に対応するものは、ノルアドレナリン**です。人間が危険を察知したり、ストレスを感じたりするときに分泌されるノルアドレナリンは、適度に働いてくれると集中力や心地よい緊張感をもたらしてくれます。しかし不快なストレスに対して過剰に反応すると、抑えようのない憤りや怒りの感情が心を支配するようになります。この抑えの利かない怒りの気持ちが、まさに「瞋」と合致するというのです。

つまりドーパミンとノルアドレナリンの特徴は、私たちを興奮させるものだということです。適度な興奮状態は心も刺激されてやる気や集中の源泉となり有用ですが、過剰なそれは私たちの心をかき乱し、暴走させてしまうのです。

最後の**「痴」と対応するセロトニン**については、他のふたつとは対応の仕方が少し違います。セロトニンの伝達にかかわる神経は「痴」の状態ではなく「不痴」、つまり愚かでない状態と対応します。セロトニンが分泌されると、他のふたつの暴走を止めてくれて、脳内のバランスがとれるのです。言い換えれば、**欲の心である「貪」と、怒りの心である「瞋」を抑えてくれる**というわけです。

むさぼりや怒りの感情を心に抱いていては、物事の本質を冷静に見てとることができません。それを抑えてくれるセロトニンは、道理を理解することのできる賢さを備えた、バランスの良い脳の状態に導いてくれるものといえるでしょう。

セロトニン神経を活性化させるには、リズム運動を行うことがひとつの方法として効果的だそうです。運動といってもジムでトレーニングするような必要はなく、筋肉の収縮と弛緩を一定のリズムで周期的に繰り返す動作を行えばよいそうです。代表的なものではウォーキングやジョギングなど。また、日常生活の中のリズム運動、例えば咀嚼《そしゃく》や呼吸によっても活性化されるそうです。

坐禅では意識的に腹式呼吸を行うので、それに使用する横隔膜という大きな筋肉は一定のリズムで収縮と弛緩を繰り返すことになります。これにより、セロトニン神経が活性化されるそうです。

セロトニン神経の活性は五分程度ではじまります。脳内のセロトニンの分泌量が増えていくと、通常では二十分から三十分でピークに達するといわれています。また、**セロトニン神経が活性化されたという目安は「スッキリした爽快感」**なのだそうです。これらを目安に自分で時間を決めたり、調子を確かめてみても良いでしょう。

三毒を克服して脳内の極端な興奮状態を抑える。そのためにも**坐禅の意識的な呼吸はとても役立つもの**なのです。ストレスによる興奮状態に陥ることが多い現代人にとって、**イス坐禅は心の処方箋**となります。ぜひ日常に、取り入れてみてはいかがでしょうか。

「今ここ」にいる現在の私を調和する

生きていると、過去のことが急に頭に浮かんできたり、未来のことを夢中になって考えたりすることが多くあります。

過去について「あんなことがうまくいった」と悦に入ることもあれば、「こんなことで失敗した」と繰り返しほぞをかむことがあります。反対に、未来について「こうなったらいいな」と期待に胸をふくらませたり、「これが失敗したらどうしよう」と不安を募らせることもあるものです。

こんな風に過去や未来について思いめぐらせているうち、私たちは知らぬ間に感情の色眼鏡をかけた状態になっています。その色眼鏡には、今の自分の状態をありのままに見られなくなるという弊害もあるのです。

仏教では、**過去についても、未来についても、そこから距離を置くこと**を説いています。

「過去を追うな。未来を願うな。過去は過ぎ去ったものであり、未来はいまだ至っていない。現在の状況をそれぞれによく観察し、明らかに見よ。今なすべきことを努力してなせ」(『中部経典』一三一経)

過去と未来ではなく、「今ここ」にいる自分自身と「今ここ」にある世界をよく観察して、なすべきことをなしましょう、と勧める言葉です。

過去のことをことさらにこだわって追いかけることは、ひとつの極端。未来について願いをかけすぎてしまうのも、ひとつの極端。このふたつの極端から離れてバランスをとるためには、**「今ここ」の現在の自分と自分を取り巻く世界を大切にしてあげることだ**と説くのです。

過去にこだわって大事なことが見えなくなる教訓として、こんな寓話《ぐうわ》が伝わっています。

ある僧侶とその弟子が旅路を歩いています。すると道が途切れて前方に川が現れました。この川を渡れば向こう側に道が続いています。どうやらこの川は歩いて渡れる程度の深さなので、この二人は向こう岸まで川を歩いて横切ろうと決めました。ふと見るとこちら側の岸で困っている若い女性がいました。その女性も向こう岸へ行きたいのですが、か弱い足では渡ることができずに困ってしまっていたのです。師匠は優しく声をかけ、その女性をおんぶして向こう岸まで渡ってあげました。弟子もそれに続き、無事三人そろって川を越えた後に、女性とは分かれて旅路を進むこととなりました。歩いているうちに、弟子は「修行の身の僧侶なのに、あんな若い女性をおんぶして、なんてふしだらなんだ」と考えてしまい、歩いていてもそのことばかりが気になってしまいました。その後の道中、師匠から声をかけられても弟子はうわの空です。ついに我慢できずに弟子は師匠に対して考えていたことを告げると、師匠から「お前はまだあの女性をおぶっていたのか」と一喝され、弟子は修行の至らなさを恥じたといいます。

そのとき、その場で、なすべきことを果たした後は、そのことをいつまでも背負わない、そのような潔《いさぎよ》さを持つことで、後悔のない生き方が実現できるでしょう。

いつまでも過去のことを背負っていると、目の前で起こっている本当に大事なこと

が目に入らなくなります。また、いつまでも過去にこだわると、「今ここ」の状況が観察できなくなり、大事なことをなすべきチャンスも逃してしまうわけです。

では、逆に未来のことはどうでしょうか。私たちが未来に対して抱く感情がどのくらいいい加減なものか、ということを明らかにする研究があります。それは、インパクトバイアスと呼ばれる現象の研究です。

人は未来については過大な感情を抱いてしまうことが知られています。調査によれば、こうなったらどんなに幸せだろうと思っていたのに、実際にそれが実現してしまうと思い描いていたほど幸せでないことに気がついたり、こんなことが起きたら生きていられないくらい悲しくなるだろうと思っていたのに、実際に事が生じても死ぬほどではなかったりする例が多くあるそうです。データを分析してみた結果、人間には将来に起こるであろう出来事が、自分の感情に与えるインパクトを過大に推測する傾向があることが分かってきました。この現象を、インパクトバイアスと呼びます。**人間は、将来に起こる幸せや不幸せ、心地よさや不快さを必要以上に大きく見積もってしまうのです。**

例えば、将来は都会に出て年収一千万円以上を稼いで、自分の望みどおりの家や車を手に入れて暮らせればどんなに幸せだろうと考えたとします。しかし願いがかなってしまうと、思っていたほどの強烈な感情を味わえず、がっかりしてしまうということが往々にしてあるようです。未来への色眼鏡をかけたままだと、こんなものは自分の思っていた幸せではない、これとは違う未来があるはずだとさらに未来に対して、当てにならない希望を持ってしまうかもしれません。

現時点から未来を想像している強烈な心地よさと、希望がかなったときにおとずれる感情は、そもそも違うものなのです。先のことを正確に分かる人は誰もいません。しかし人間は将来の出来事がもたらす感情を予測できると信じて、色眼鏡でものを見てしまうことがたくさんあるのです。しかし、その色眼鏡で見た未来をことさらに願って何かを「なして」みても、思うような充実感を得られない結果になることが多いのです。

人間は過去や未来を考えすぎると、正しい認識を見失ってしまう傾向があるのです。このような事態に陥らないように、過去や未来に対して生じる自分の「感情」に注意を払う必要があります。

未来についてはやっかいな問題がもうひとつあります。現代は何をするにもスピードが求められるため、常に何かに駆り立てられて生活をしているということです。年末になればテレビや雑誌で手帳の特集が組まれ、いかにうまく予定を埋めていくかが提案されています。それ自体は悪いことではありませんが、埋まった予定をこなすために、何かをやっている最中にも次の予定を気にしてしまうことがあるでしょう。この忙しい現代社会では、分単位で未来の予定や約束について考えてしまい、今この瞬間にやっていることに集中できない場合が多いのです。このような状況を分かりやすく例えるお話があります。

ある忙しいサラリーマンの週末を想像してみましょう。彼は週末を控えて仕事をしているとします。今日は仕事を終えた後に付き合っている彼女と食事に行くので、そのことばかりを考えて仕事に集中できていません。次に彼女と食事をしている最中には、明日の休日に友人と行くゴルフのラウンドのことを考えています。翌日になりゴルフのラウンドを回っているときには、月曜からの仕事のことを考えています。

次に控えている予定のことが気になってしまい、今この瞬間に実行していることがおろそかになる。予定に追われる生活をしているとこんな状況に陥ってしまうことは、現代社会にはよく起こることでしょう。生活の中でいつも何かに追われている人にとっては、立ち止まって自分自身を取り戻す時間が必要なのではと思います。**私たちは今この瞬間を生きる自分が何者であるかを、常に思い出してあげる必要があります。**それを思い出すことができなければ、まるでロボットのように次から次へと何かをすることに追いまくられることになってしまいます。そして自分自身の存在を害してでも、「何か」をする予定を優先してしまうことに陥ってしまいます。それでは本末転倒といえます。

立ち止まって自分自身を取り戻すことは、それほど難しいことではありません。「今ここ」にいる自分自身に、注意を集中してあげることを思い出せばよいのです。なかでも**坐禅のような静かな瞑想は、駆り立てられる日常を送る人にとって、精神を安定させる避難場所のようなもの**となるでしょう。

自分に意識を集中するには、自分自身の呼吸に集中することがコツになります。仏教の瞑想には、注意を向けるべき対象が丁寧《ていねい》に定められています。その中でも、**呼吸は初心者でも熟練者でも、どんな人にも勧められる手がかりのひとつ**です。また、先に紹介した「マインドフルネス」のような瞑想のエクササイズでも、中心は呼吸に意識を向けることです。

これから坐禅に親しもうという人は、まず呼吸へ意識を集中することからはじめると良いでしょう。

ここでは、呼吸に集中するためのベースとなる方法をかんたんにご紹介します。

はじめに**「何かをする」手を止めて、「何もしない」時間をとってあげる**ことからはじめましょう。

次に、**呼吸に意識を集中**します。ゆったりとした腹式呼吸を行い、お腹がふくらんだり引っ込んだりするのを感じます。自分の呼吸の長さについて、「短いな」と感じたら「短い」と知り、「普段よりも長いな」と感じたら「長い」と知ります。

注意を向けている瞬間瞬間にも、思いや感情が湧いてくると思います。そういう思いや感情が浮かんだときには、受け取っている感情に対して評価はくださずに、ただ観察をしましょう。**今この瞬間に思いや感情を抱いている自分を、上から俯瞰《ふかん》して観察するようなイメージ**です。何かを考えたら「考えている」と気づいて、意識を呼吸に戻してあげましょう。

はじめは難しいと感じることでしょう。「うまくいかないや」「こんなのつまらない」などさまざまな感情や考えが浮かんでくるときには、考えている自分に気づいて、呼吸への集中に戻してあげることが大切です。考えている自分についても、「なんで考えてしまうんだ」などと責めることは、緊張を招くので悪循環となります。考えているときには「考えている」と気づく、その「気づき」こそが重要になります。**今のありのままの自分を認めてあげて、受け入れるイメージを持ち、心をゆったりと広く持って、静かな時間を過ごしましょう。**

普段の生活では、自分が今この場所に存在していることを大事に思うことはなかなかできません。それは当たり前すぎて、私たちの日常からこぼれ落ちている場合が多いと思います。忙しい日常では、未来の予定に注意が向けられ、何かをしていないと損をするような気分になっています。しかし、そのような生活では、自分自身が満たされているという本来の充足感が希薄になっていきます。**「未来」にも「過去」にもとらわれず、今ここにいる自分自身に気づいてあげる時間を持つことで、忘れていた自分の本来性を取り戻すことができます。**このような仕組みを頭の片隅において、イス坐禅に取り組んでみてください。

なお、呼吸への意識の集中にはさまざまな指導法があります。本書では具体的な方法を次章でご紹介します。

イス坐禅がもたらす調和

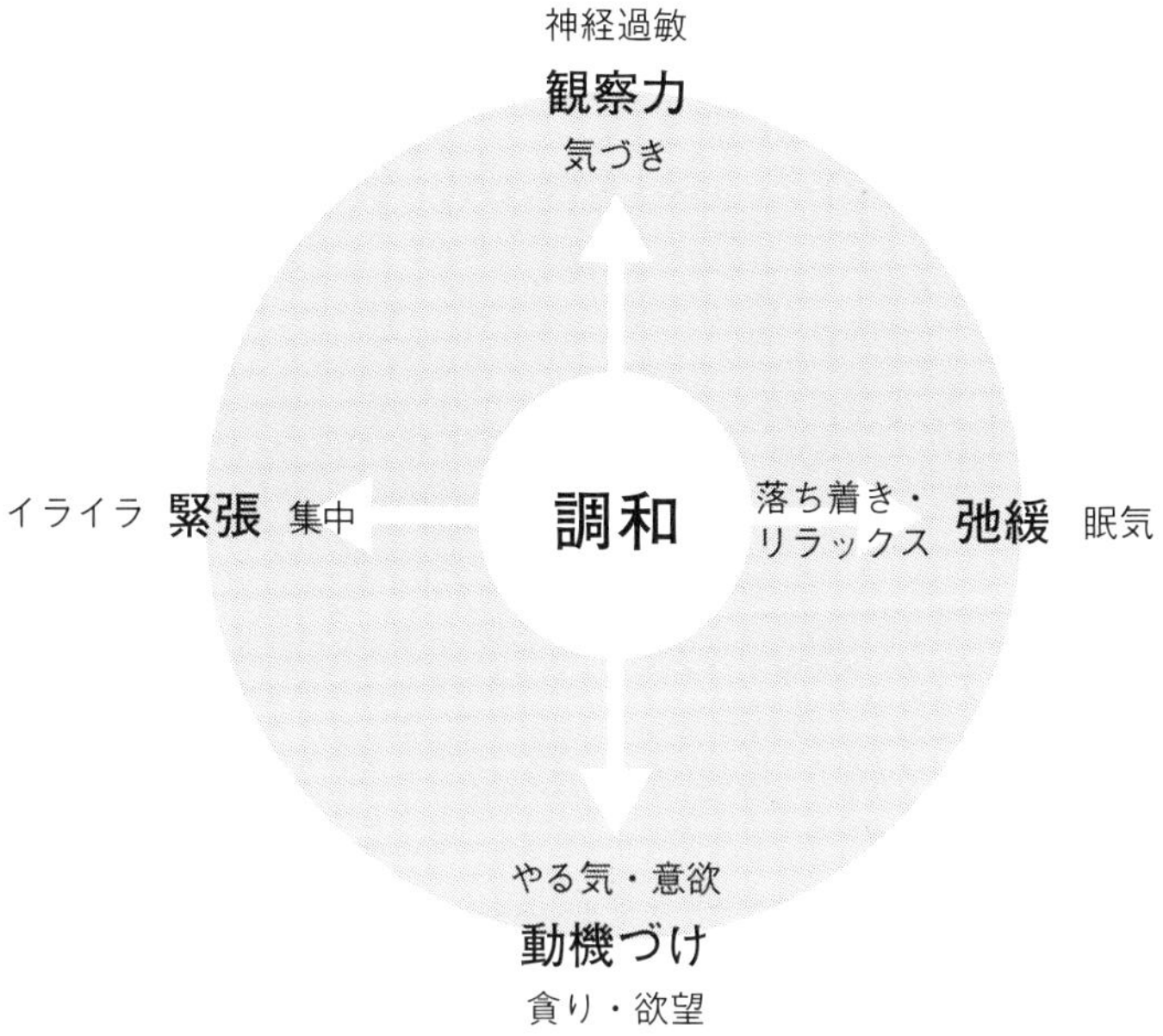

正しい坐禅のコツ「三調」

実際にイス坐禅をやってみる前に、まずは坐禅に必要な要点、コツとして重要なことをお話ししておきましょう。それは**体と呼吸と心を調える「三調《さんちょう》」**です。

正しい坐禅のコツとして、昔から体、呼吸、心の三つを調えることが説かれています。これは「三調」と呼ばれ、順に「調身《ちょうしん》」「調息《ちょうそく》」「調心《ちょうしん》」といい、この三つを調えることが正しい坐禅の近道になります。

「調身」とは自分の体を調えて、正しい姿勢をとることです。
「調息」とは、呼吸を調えることです。
「調心」とは心を調えることを意味します。

体と呼吸と心は、お互いがお互いを補うように深くかかわっています。この三調のうちのひとつが欠けても、正しい坐禅にはなりません。

禅には「身心一如《しんじんいちにょ》」という言葉があります。これは体と心は離れることができない一体のものであるという意味です。分けることができないので、体が乱れると心が乱れます。また心が乱れると姿勢が乱れるのです。例えば、前かがみになってうなだれた姿勢で居続けると心が暗くなり眠くなってきます。また、心が落ち着きなく考えをめぐらせて「この後のご飯は何を食べようかな」などと考えていると、姿勢はモゾモゾ、グラグラと揺れてしまいます。

姿勢の悪さは心を乱し、心のコントロールが利かなければ姿勢を崩してしまうのです。

坐禅では、**「調身」という教えのように身を正し、背筋を真っ直ぐにして座ることが大切です。**その際、体が左右に傾いていたり、前に屈んでしまったり、後に反り返っていないかということに気をつけます。

ある禅僧が、背筋を伸ばすことを次のように指導されていました。

「胸を張らない、尊大にならない。前に屈まない、卑屈にならない」

非常に分かりやすい言葉で体と心が一体であることを伝えているので、私の心に残っています。この言葉に習って、坐禅中は尊大にならないように、胸を張りすぎず肩の力を抜いて、自然に背筋を伸ばしましょう。そして卑屈にならぬよう頭を上げて、背筋を真っ直ぐにして座りましょう。**体も心も、片寄りのないニュートラルな状態**にすることが大切です。

「調心」という心を調えることにですが、心という目には見えないものを扱うので、コントロールしようとしても、意識しすぎてうまくいかないことが多々あります。そのようなときには、まず自分でコントロールしやすい体から整えてあげるとよいでしょう。**姿勢を正しているうちに、自然と心も落ち着いていきます。**

そして三調のコツに、「調息」があげられるのは、**体と心をつなぐものが**「息」だからです。人前で話す際など緊張しているときに、「落ち着け、落ち着け」と心で念じても、緊張は解けないものです。逆に落ち着けないと、さらなる緊張を招きます。よく緊張したときには深呼吸することが勧められますが、これは理にかなっています。深呼吸により体はリラックスし、落ち着きを取り戻すことができます。

この仕組みを利用して**呼吸を意識的に整えることで、自分の体と心を調えることができる**のです。

第四章 イス坐禅は調和が大切

05

第五章

かんたんイス坐禅にチャレンジ【実践編】

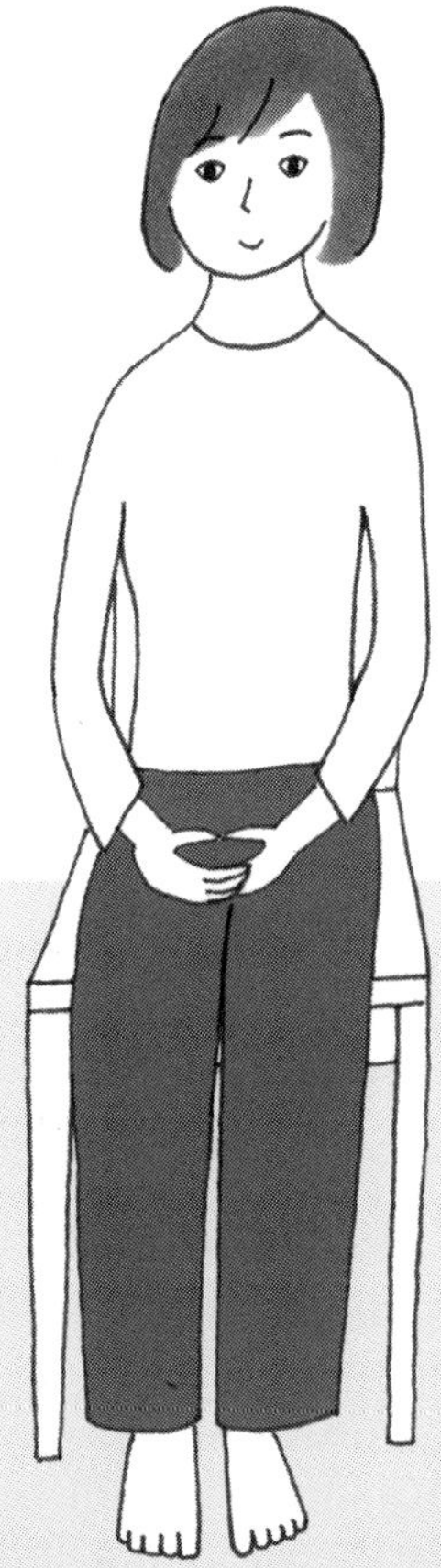

イス坐禅に入る前の準備

・時間帯

イス坐禅を行う時間帯を決めておきましょう。

なるべく**空腹時に行うのが良い**でしょう。食事をした直後などは胃や腸に血液が集まり、体が消化活動を行うことに集中するため、眠くなってしまいます。消化活動が落ち着くのは一般的に食後一時間程度といわれていますので、目安にしてください。また、あまりにお腹が空いているようなときは、逆に集中できないので避けましょう。

時間帯としては**早朝や夕方、または寝る前などが良い**でしょう。早朝に行う際は、眠気を覚ますために顔を洗ってシャキンとしてから朝食の前に。食後の場合は消化のための間をおいて行いましょう。

できるだけ**毎回決まった時間に実践し、イス坐禅を習慣化させましょう**。一度習慣化してしまえば、早朝に顔を洗った後に座らないと落ち着かない気持ちになることでしょう。そうなればしめたものです。

習慣的に行う際には、**座る時間をしっかりととって、何分座るかを事前に決めま**

しょう。最初は十分くらいから座りはじめ、慣れてきたら十五分、二十分と時間を長くしていきましょう（長く坐禅をしたい場合には、イスではなく本来の足を組む坐禅をお勧めします）。

また、緊張している自分を落ち着かせたいときや、仕事で疲れたときなども短い時間でもよいので、その場で座ってみましょう。二、三分程度で構いません。静かにイス坐禅をすれば、心がやすらいで落ち着きを取り戻すことができるので、実践してみましょう。

ひとりで行うときには、時間を知らせるタイマーなどを用いてください。

時計での確認は時間を気にして気が散ってしまうので、タイマーをセットして、終わる時間に鳴るようにしておきましょう。タイマーを使う際は、目覚ましベルなどの激しい音は避けて、鐘の音などのおだやかな音を利用してください。

・部屋の環境

部屋は**自然光が入るようにしておきましょう。**照明が暗いと眠くなり、明るすぎてまぶしいと落ち着きません。なるべく自然光を利用しながら照明を調節しましょう。イス坐禅中はまぶたを軽く開いた状態をキープします。その状態でも明るさを感じるくらいに調節すれば良いでしょう。

部屋の雰囲気は重要です。ロウソクを使って雰囲気を出したり、お線香やアロマを使用して、部屋の空気をリフレッシュしてみましょう。**少しだけ普段の生活から離れて、非日常を感じることが大事です。**そうすることで自分にとってそこが清らかな空間となり、気分を切り替えることができます。

お仏壇のある家庭ならばお線香を焚《た》いて、その近くで行うのも良いでしょう。テレビやラジオなど集中を欠く原因になるようなものは、電源をオフにしておきましょう。

・服装

体をしめつけるような衣類は避けます。なるべくゆったりとした服装が良いでしょう。腕時計やアクセサリーなどの**装飾品は外し、**香りのきつい**香水なども避けましょう。**五感を過度に刺激するものは禁物です。

姿勢を整えましょう

坐禅では正しい姿勢をとることがとても大切です。

普段の生活では、自分の姿勢や呼吸を意識する機会は少ないと思います。姿勢を正すことは、みなさんが思うよりも大変なことですが、せっかくの坐禅の時間を気持ちよい姿勢で過ごすには、次のことに気をつけるとよいでしょう。

・**下半身が安定していること**
・**背筋が伸びて、楽に呼吸が続けられること**
・**リラックスして、余計なところに力が入っていないこと**

・下半身が安定していること
長時間同じ姿勢を保つには、上半身を支える土台となる、**腰から下の下半身を安定させることが重要**です。足を組む坐禅は、すそ野の広い山のような形になります。地面に接地している面が広ければ広いほど安定するので理にかなっています。**イス坐禅でもなるべく土台を安定させましょう。**

まずは、腰掛けるイスについて。

イスは安定しているものを使いましょう。キャスターがついて自由に動いてしまうものは不安定になるので避けます。

座面も大切です。おしりの下がふかふかでは、グラグラして安定しないので、ソファのようなクッション性の高いイスは向いていません。**学校で使うようなシンプルなイスがお勧めです。**座面はある程度の固さがあるものを選び、おしりが痛いようであれば薄い座布団を敷く程度にしましょう。

イスの高さは腰掛けたときに、ちょうどひざが九〇度くらいになるものを選びましょう。

安定して座るために大事なのは**骨盤を正しい位置に置くこと**です。エクササイズ

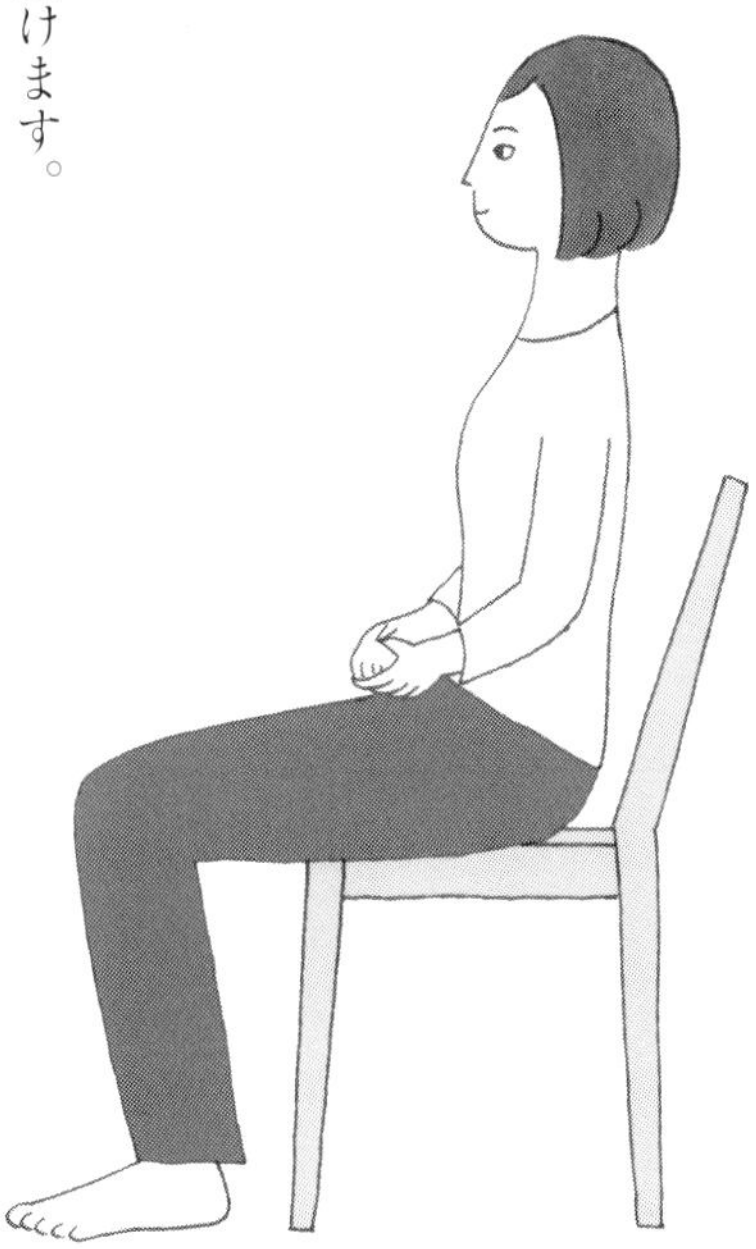

やヨガなどでは、骨盤の位置を正しく整えるために「骨盤を立てる」と表現します。骨盤は大雑把にいえば、お椀のような形の大きな骨で、そこに内臓が収まり背骨がくっついています。背骨まで入れると、見た目としては「おたま」のようなイメージです。このような構造のため、背筋を伸ばしたまま骨盤を前に傾けると、お腹が前に張り出して背骨が後ろに反り返り、背骨と骨盤の付け根あたりに力がかかり、腰痛の原因になってしまいます。逆に骨盤を後ろに傾けると、自然と背骨は前に倒れて丸まり猫背になります。

背骨と骨盤を前後に傾けずに、おたま全体を真っ直ぐ立てるようなイメージで座れば、安定した良い座り方になります。その目印になるのが、座面にあたる骨盤底のふたつの出っ張った骨「座骨」です。この座骨は、お椀の裏底にあたる部分にあり、ここが座面に当たるように座ることが第一段階です。次に、骨盤が前後左右に傾かないよう、**座骨に均等に体重が載っていることが感じられればよい**でしょう。

足の角度と位置も重要です。座ったときに、**太ももが座面より上に上がらないようにひざの位置を調整**します。ハイヒールや底の厚い靴を履いている場合は、脱いだ方が良いでしょう。また、イスの座面よりひざが下にあると落ち着きます。

両足は肩幅程度に開きます。足裏は地面についていた方が安定します。

・背筋が伸びて、楽に呼吸が続けられること

坐禅中は背筋を正しく伸ばすことが大切です。

背中はイスの背もたれから離しましょう。お尻と太ももを全部座面につけて、深く腰掛けるのではなく、**少し浅めに座る方が背筋を伸ばしやすい**でしょう。

自分の体を正面から見て、鼻とへそを結ぶラインと、両肩を結ぶラインが垂直に交わるように真っ直ぐ座りましょう。

背筋を伸ばすにもコツがあります。

背骨には頭（頭蓋骨）が載っています。頭の重さは成人で約五キロもあり、ボーリングの球のようなとても重たい物体を、背骨はいつも支えていることになります。このような重さを分散させるために、背骨はゆるやかなS字のカーブを描いています。**この自然でゆるやかなS字カーブを保ったまま背筋を伸ばすことが重要**です。

まず、頭のてっぺんに糸がついていて、天井からぶら下がっているようなイメージで力まずに背筋を伸ばします。次にあごを軽く引き、胸部を左右に開くように軽く胸を張り、お腹を少し背中側に引っ込めると良いでしょう。

・リラックスして、余計なところに力が入っていないこと

肩に力を入れてしまう人が多いようですが、必要のない部分には力が入っていない方が、気持ちよく坐禅できます。肩は耳から遠くに離すようなイメージで上がらないようにしましょう。

背筋を真っ直ぐにしたうえで、**肩や腕などその他の部位はリラックスすることが大切です。**

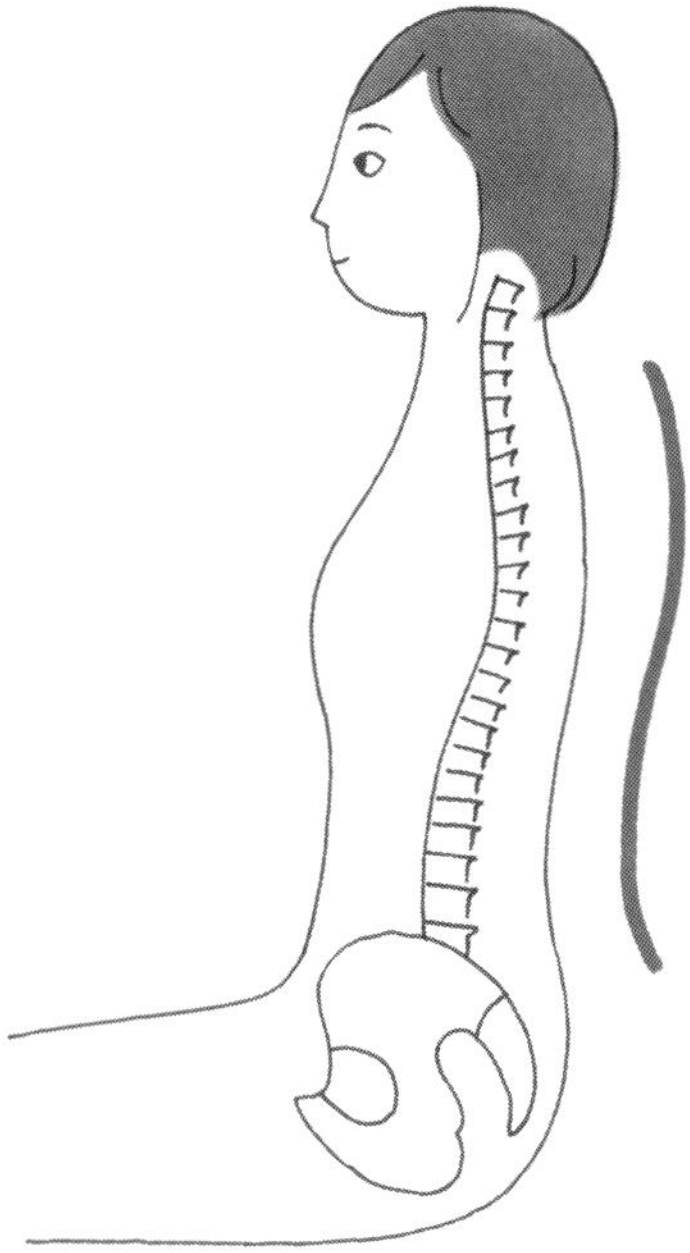

作法

坐禅には決められた作法があります。作法に抵抗がある方でも、いわばルーチンだと思ってやってみましょう。

スポーツでは一流選手の多くが、集中力を高めるためにルーチンにしている決まり事があります。観客には、いわば儀式のように見えることでしょう。しかし選手が毎回決められた行動を行うのは、自分の心身のリズムをいつもどおりに調えることができるからです。近年ではラグビーの日本代表で活躍した五郎丸歩《ごろうまるあゆむ》選手が、指を立てて忍者のような独特のポーズをするルーチンを行うことで有名になりました。また、メジャーリーグで活躍するイチロー選手も、バッターボックスに入る前には必ずルーチンを行うことで有名です。彼らは儀式のように同じ行動を繰り返すことで、脳と体にいつもどおりということを感じさせ、集中力を高めたり、筋肉が良い緊張状態になる心理効果を利用しています。

イス坐禅でも決められた行動をルーチン化することで、いち早く心身を坐禅に集中させることができるようになるでしょう。

イス坐禅をやってみましょう

※ここでは禅宗の作法をベースにした、寺子屋ブッダ「かんたん！イス坐禅」ワークショップで指導している作法を紹介しています。イス坐禅は指導者によって違いがあるので、その場合は指導者のやり方に従って行いましょう

①はじめの挨拶（隣位問訊《りんいもんじん》／対坐問訊《たいざもんじん》）

立った状態で、**座る場所に向かって合掌《がっしょう》し一礼します。**これは「隣位問訊」と呼ばれる、修行道場で両隣にいる人への挨拶です。

次に、**手を合わせたまま右回りをして一礼してから座ります。**これは「対坐問訊」と呼ばれ、向かい側に座っている人への挨拶になります。これらは

隣位問訊

人がいない場合でも、一緒に坐禅に励む人が座っているつもりで行います。

自宅でイス坐禅を行うときには、「隣位問訊」「対坐問訊」を省《はぶ》き、イスに座って静かに胸の前で合掌一礼をしてからはじめても構いません。

②左右に体を揺らして座る準備をします（左右揺振《さゆうようしん》）

挨拶を終えたら、そのまま両手のひらを上にして両ももの上に置きます。

体を左右に揺らすことで体を整えていきます。はじめは左右に大きく体を揺らします。そして、その揺れをだんだんと小さくしていきま

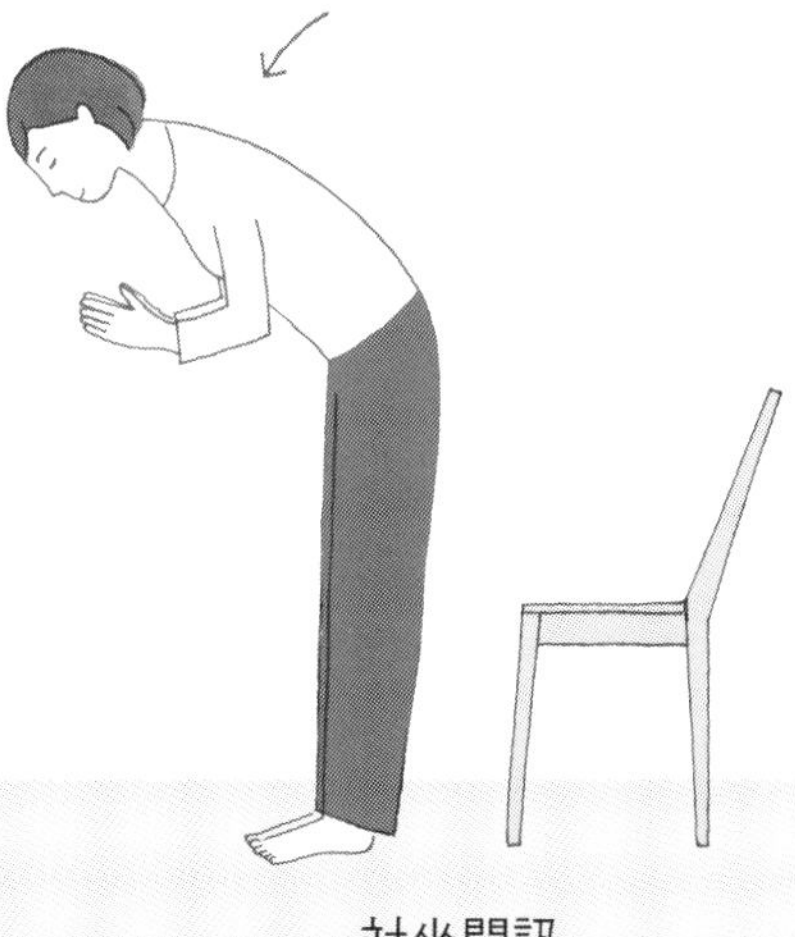

対坐問訊

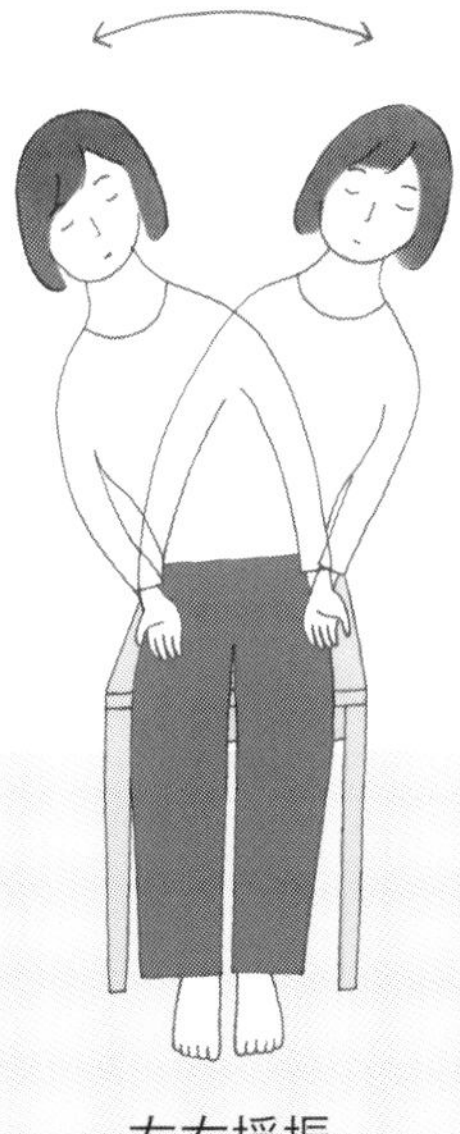

左右揺振

す。揺らしている間も背筋は真っ直ぐ保ちましょう。左右で四、五回程度行います。揺らし終えたら、傾かない真っ直ぐな姿勢を確認して静かに止まります。これから座る姿勢を自分で点検するために、両肩の水平ラインと鼻とへその垂直ラインをイメージして**正しい姿勢に調整します。**

③手を組みます（法界定印《ほっかいじょういん》）

右手の上に左手を乗せて、両方の親指同士を軽くつけるようにします。親指を強く押しつけ合ったり、離してしまわないようにして、**両手でキレイな卵形を作ります。**その手を足の付け根の中央に置きます。

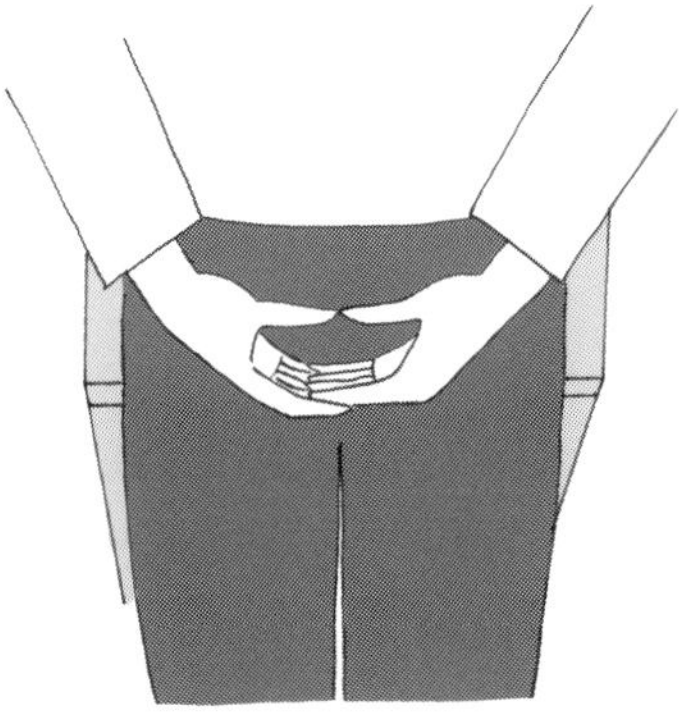

法界定印

④深呼吸をしましょう（欠気一息《かんきいっそく》）

坐禅にのぞめるように深呼吸をします。**鼻から大きく息を吸って、口からゆっくりとお腹の底から吐ききりましょう。**一回で整えばそこでやめます。整わないときには二、三回これを繰り返し、整ったところでやめます。**口を閉じて舌を上あごにつけます。**このとき、一度つばをごくんと飲み込むと口の中が真空のような状態となり、舌が上あごについた状態を維持しやすくなります。

⑤目線を整えましょう

約一・五メートルくらい前の床に自然に視線を落としてゆきます。凝視するのではなく、ぼんやりと見つめるようなイメージが良いでしょう。**まぶたは半眼《はんがん》（薄目を開けた状態）にします。**まったく閉じてしまうと眠気をもよおすので、軽く明かりが目に入るように

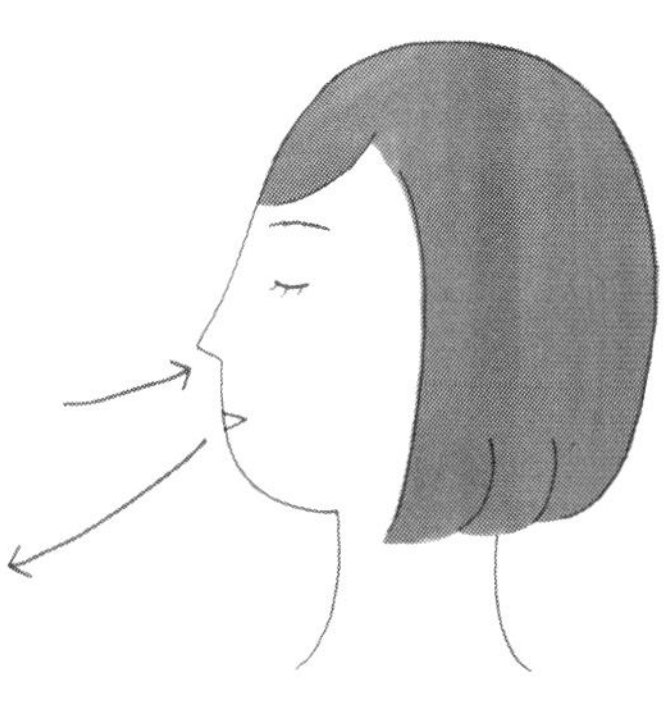

欠気一息

調節してください。

⑥呼吸を整えましょう

鼻で呼吸をして、**腹式呼吸を行いましょう。**息を吸うとお腹がふくらみ、息を吐くとへこんでいくのを感じます。

呼吸は普段よりも細く長くなるように意識しましょう。あごを心持ち引くと、のどにある空気の通り道（気道）が狭《せば》まり、自然と細く長い呼吸になります。成人の普段の呼吸一回の長さはおよそ三、四秒程度だそうです。長さを気にしすぎるのも良くありませんが、長い呼吸を心がけるときのひとつの目安としてください。

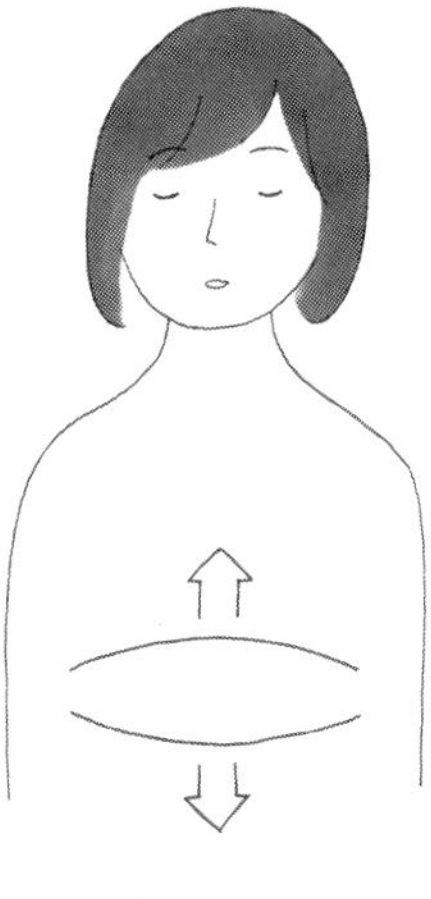
腹式呼吸

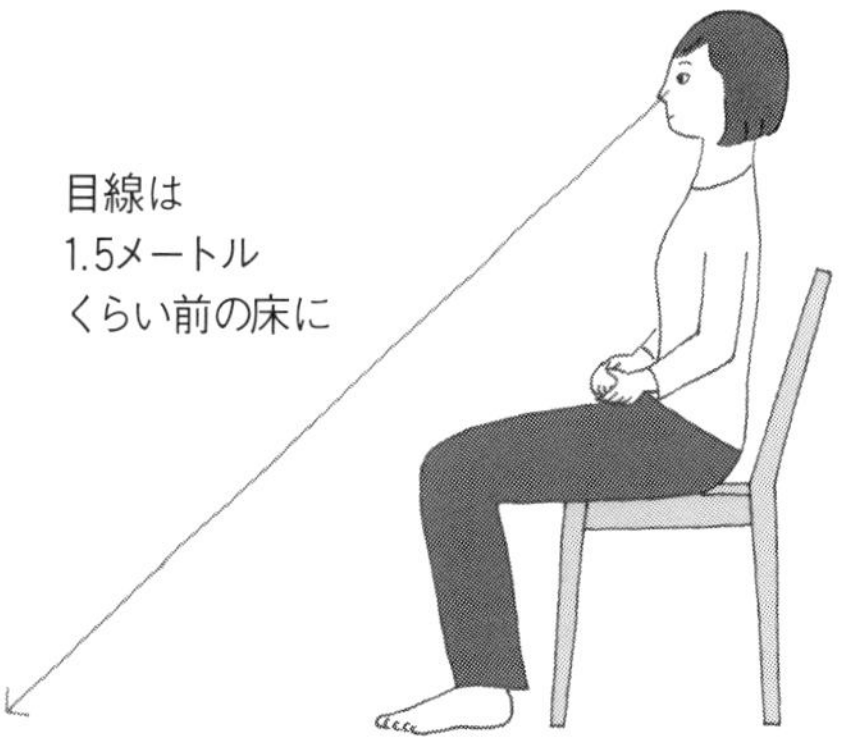

慣れないうちは、**息を吐くことを中心にゆっくりとお腹の底から吐き切ることを心がけ、吸う息は自分の体に任せてあげると**、次第にうまくいくようになります。「腹式」だからといって、お腹に力を入れると深い呼吸になりません。お腹の力を抜き、リラックスした状態で行いましょう。

無理に意識すると逆にうまく呼吸ができなくなることがあります。そんなときは姿勢を正して、体が求める呼吸に任せて、心が落ち着くのを待ってあげましょう。音が聞こえる呼吸は心の散乱を招きやすく、また、呼吸の出入りにつっかえた感覚があるときは疲れやすいといわれています。静かでなめらかな呼吸をイメージしましょう。

⑦呼吸に意識を向けていきましょう

呼吸に意識を向けて、集中していきます。

呼吸への意識の向け方には色々な方法がありますが、本書では、「**数息観**《すそくかん》」と「**随息観**《ずいそくかん》」を紹介します。

数息観

「数息観」とは呼吸の数を数える瞑想法です。

初心者の方にとっては、何も手がかりなしに呼吸を観察し続けることは難しいものです。呼吸の数を数えて意識を集中させる練習をしましょう。

吸って吐いたら「ひとつ」と数えます。続けて息を数えていきますが、その際の数え方にはふたつの方法があります。

・一から十までカウントしたら、一に戻って数え直します。これを最後まで続けます。

・一からはじめて時間の最後まで数え続けます。

どちらの方法も、数え忘れたり数が分からなくなったら、必ず「一」から数え直します。どちらかの方法を選んだら、最後まで同じ方法で続けます。イス坐禅を何度か実践して、自分が集中できる方法を選びましょう。

どちらの方法についても、数を数えること自体が目的ではありません。**呼吸に意識を集中することが優先**されます。静かに座っている間にも、頭にはさまざまな考えや感情が芽生えてくるでしょう。それに気づいたら呼吸に意識を戻す、ということを繰り返し実践しましょう。

「随息観」とは、呼吸への意識の集中のみを行う瞑想法です。

呼吸に意識を向けて観察をします。吸うときには、鼻から新鮮な空気をたっぷり入れて肺を満たし、お腹がゆっくりとふくらむのを感じます。吐くときには鼻から呼気を出しながら、ゆっくりとお腹がへこんでいくのを感じましょう。

頭の中にさまざまな考えや感情が浮かんできても、それに対して評価を加えたり追いかけることはやめましょう。考えや感情が浮かんできたら、考えている自分、何かを感じている自分に気づき、**呼吸の観察に意識を戻していきます。**最初のうちは難しいかもしれませんが、慣れてくると、浮かんできた感情や考えを放っておけば、それらが自然と消えていくことに気づくようになります。

⑧合掌一礼

あらかじめ決めていた時間がきたら、**静かに手を合わせて一礼します。**

そのまま合わせた手を軽くこすり合わせて温め、**まぶたを円を描くようにマッサージします。**静かに座って微細に物事を観察する心から、**日常の心に戻していき**

ます。普段の心持ちに戻ったら静かに目を開けます。

⑨左右揺振

両手のひらを上にして両ももの上に置き、**体を左右に揺らします。**最初とは逆に、小さな揺れからはじめ、その**揺れをだんだんと大きくしていきます。**左右で四、五回程度行います。

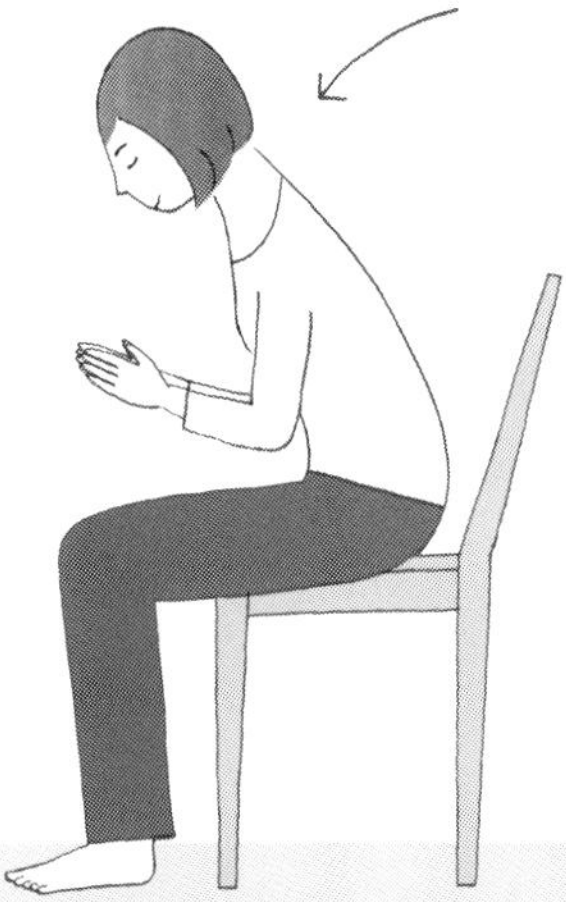

合掌一礼

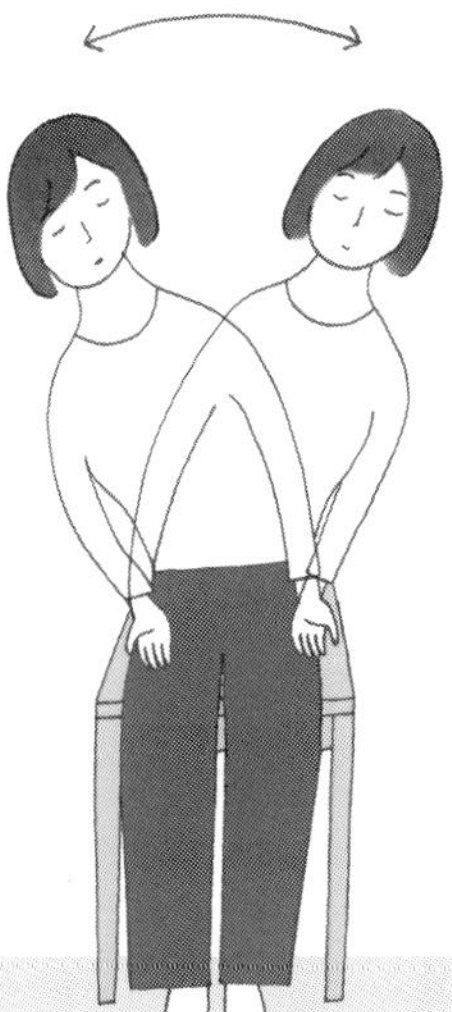

左右揺振

⑩余韻を感じながら、気持ちを調えましょう

急に立ち上がったり、すぐに他の作業に移ったりせず、余韻を味わうようにゆっくりとイスから立ち上がりましょう。余裕があるときには、余韻を感じながらリラックスして座り、しばらく自分を観察し、**座る前と座った後の自分の変化に目を向けてみましょう。**

⑪終わりの挨拶

立ち上がったら、座っていた場所に向かって一礼し（隣位問訊）、振り返ってもう一礼を行います（対坐問訊）。

自宅で行うときには、座ったまま合掌一礼をして終えても構いません。

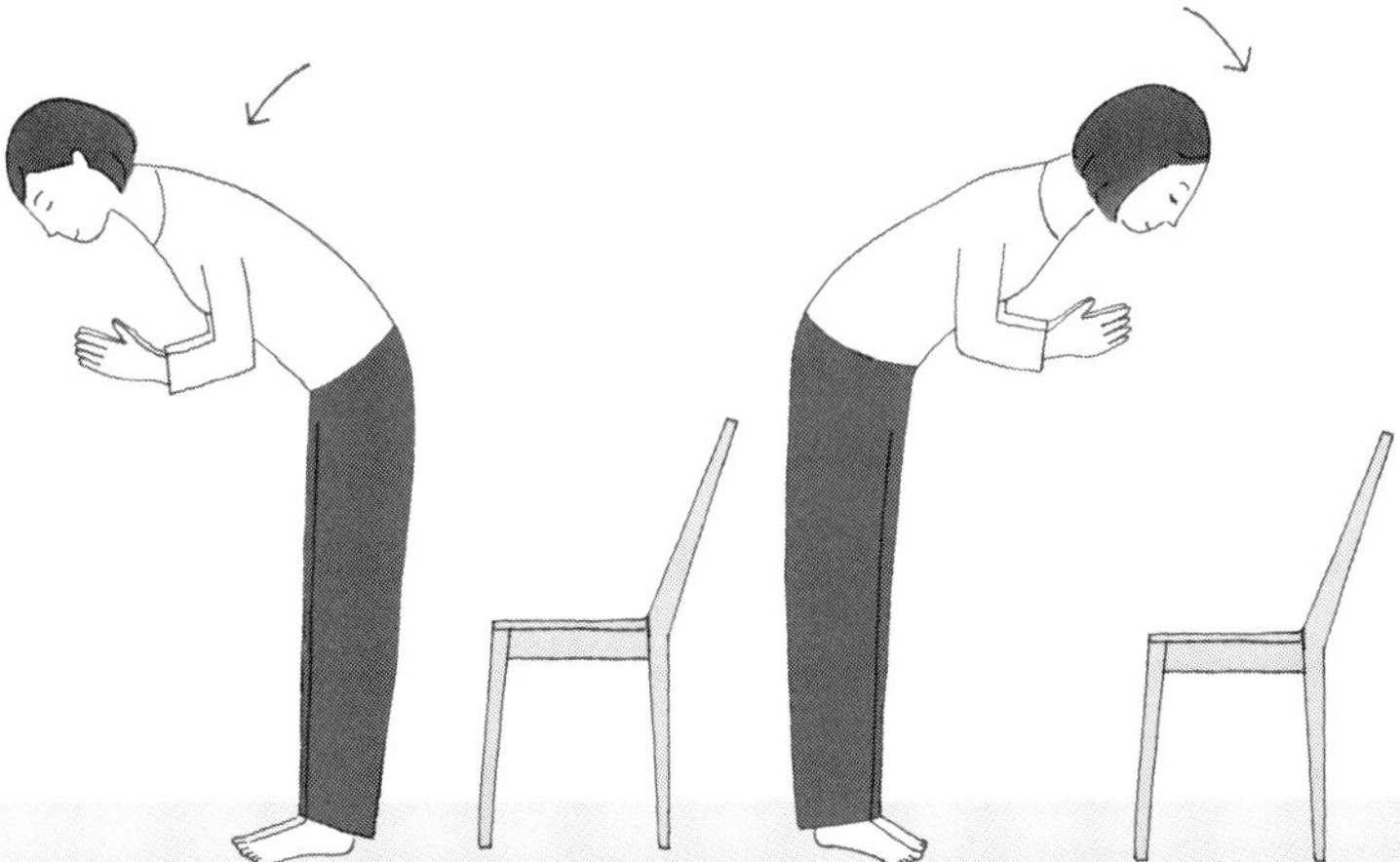

対坐問訊　　隣位問訊

かんたんイス坐禅プログラムは以上です。いかがでしたか？　実際にイス坐禅を体験してみると、はじめのうちはイライラしている自分を感じたり、眠気を覚えることも多いでしょう。でも大丈夫、それも自分を知るバロメーターなのです。**短い時間からでも、慣れるまであきらめずに繰り返し行ってみましょう。**効果はすぐに実感できないかもしれませんが、繰り返し行ううちに自分への深い気づきが生まれ、体も心も調っていくことでしょう。何事も継続が大切です。巻末のイス坐禅日記に記録をつけながら、まずは八週間続けてみましょう。

体をほぐして気持ちよく座るためのかんたんストレッチ

長い時間良い姿勢を保つには、体の準備をしておくことが重要です。仏教の瞑想にも「自按摩《じあんま》」と呼ばれる準備体操の習慣が残っています。読んで字のごとく「自分で行う按摩《あんま》」という意味で、日本でも宗派によっては行うところがあります。ここでは、**現代人でもかんたんに取り組める、イスに座って行うストレッチをご紹介します。**

背筋を正しく伸ばしそれを持続させるには、上半身を支える背骨を柔軟にして、可動域を広げてあげることが有効になります。背骨は、前に曲がる、後ろに反る、左右にねじるという複雑な動きができる部位です。**かんたんなストレッチを行うことで可動域が広がり、背筋が伸びて呼吸がしやすくなります。**

また、体のあちこちがこわばっていると、そこに力みが生じて緊張し、心が散漫になってしまうことがあります。特にパソコンを使いデスクワークをすることが多くなった現代人にとって、**肩のコリや首回りのこわばりを取ることは、リラックスして座るためにも大切です。**筋肉を解きほぐすために、肩や首も一緒にストレッチしましょう。

・首のストレッチ

背もたれから離れて背筋を伸ばして座ってください。足の幅はだいたい肩幅くらいに開きます。鼻からゆっくりと息を吐きながら、あごを胸に近づけるようなイメージで頭を前に倒し、首の後ろを伸ばします。その状態から首を大きく回していきます。息を吸いながら半分だけ回し、息を吐きながらもう半分回して最初の姿勢に戻ります。これを三回ほど続けます。右回りが終わったら左も同じように回していきます。

・背骨のストレッチ

背骨を曲げて反らせる、動きをつけたストレッチを行います。背もたれから離れて座り、手を組みます。鼻から息を吐いて背中を丸め、同時に手を前に押し出して目線はへそをのぞき込むようにします。息を吐き切ったところで、組んでいる手を

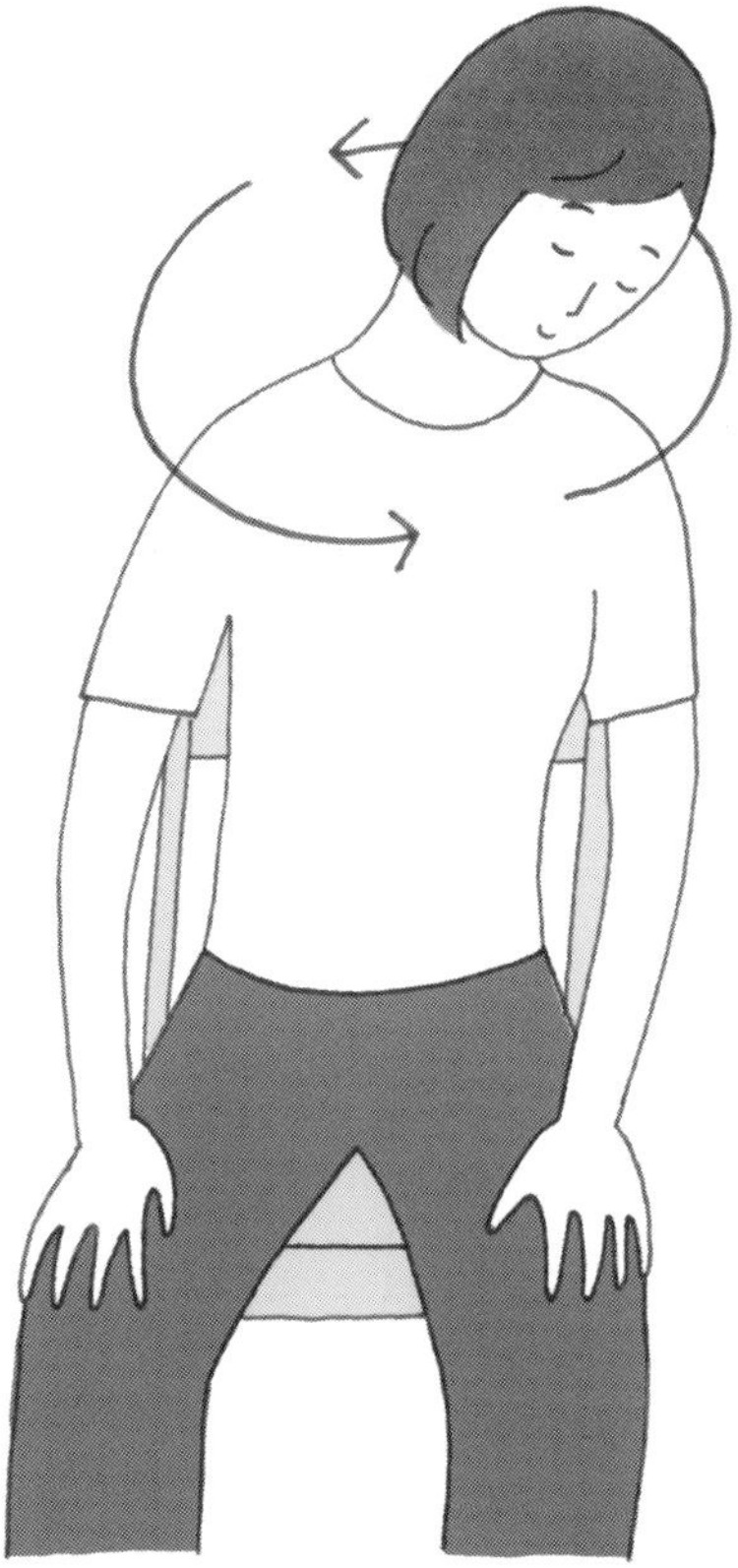

返し手のひらを前に向けて、息を吸いながら天井の方へ気持ちよく伸びをしていきます。伸びを終えたら組んでいる手を解き、息を吐きながらゆっくりと腕を下ろしていきます。次に手のひらを外に向けて腕を開き、大きく息を吸いながら、左右の肩甲骨同士を寄せるようにして深呼吸の要領で胸を張ります。最後に息を吐きながら腕を戻し、元の姿勢に戻ります。これを三回ほど繰り返し行います。

①

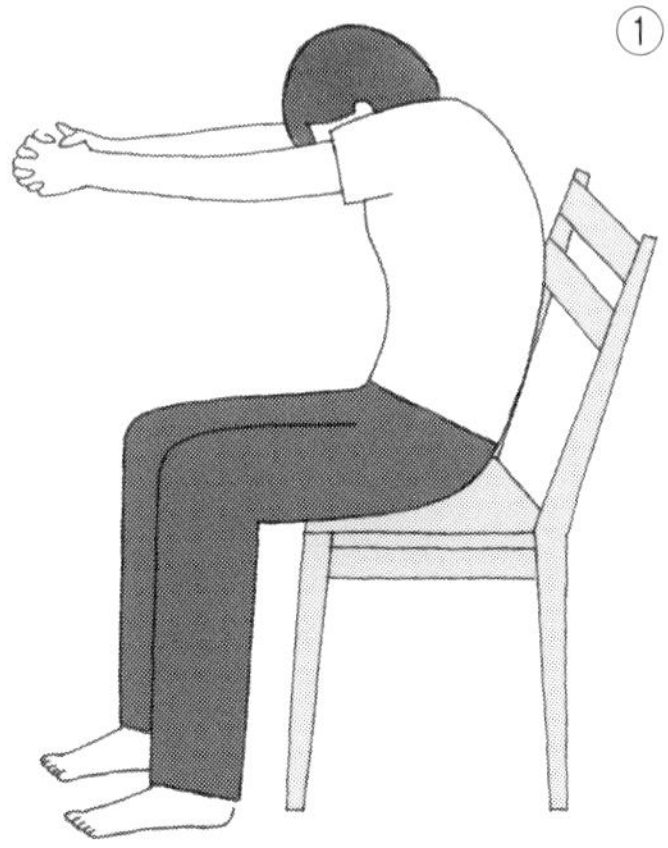

②

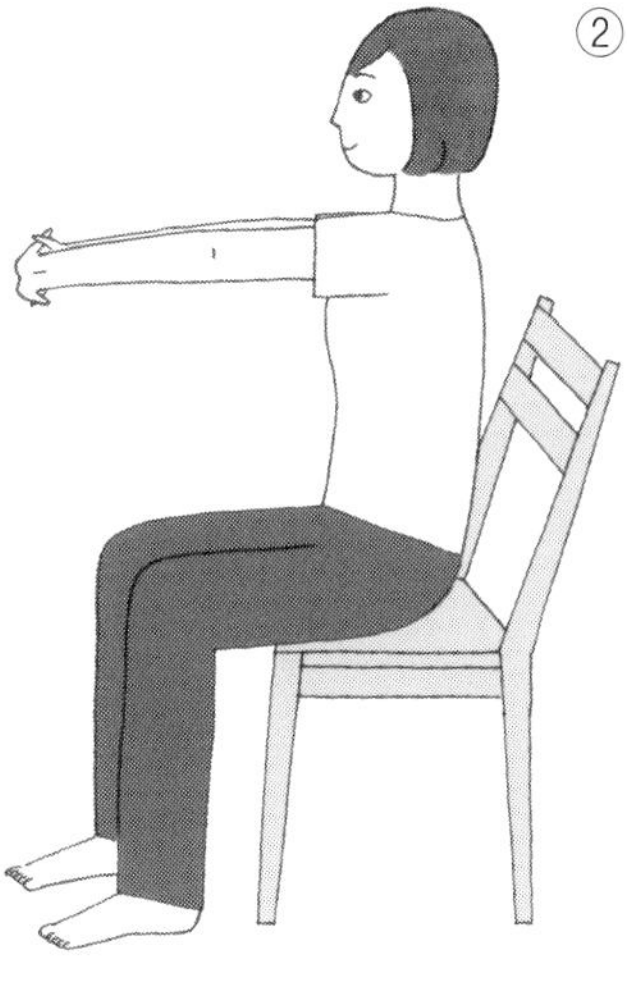

③

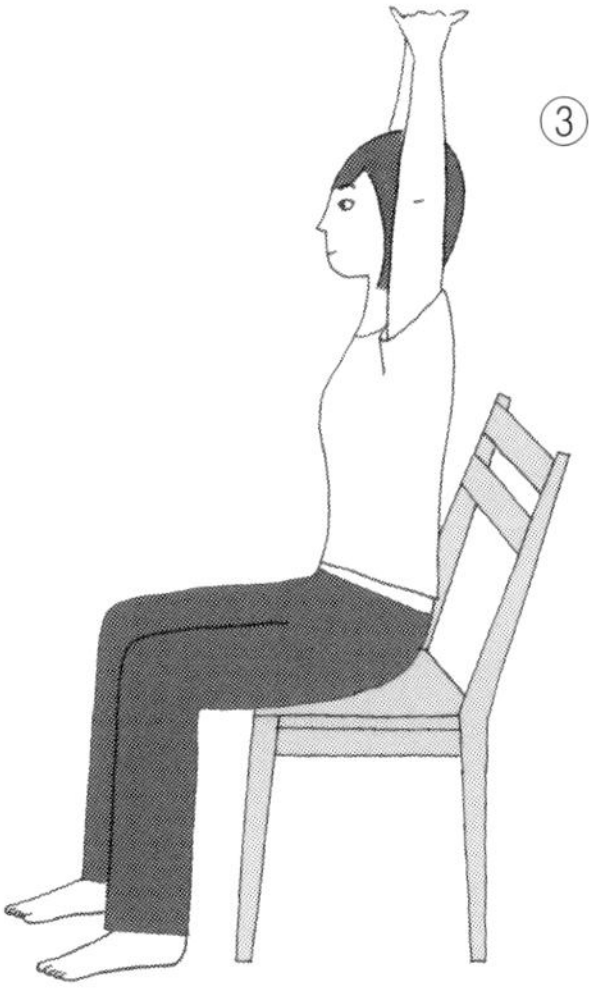

④

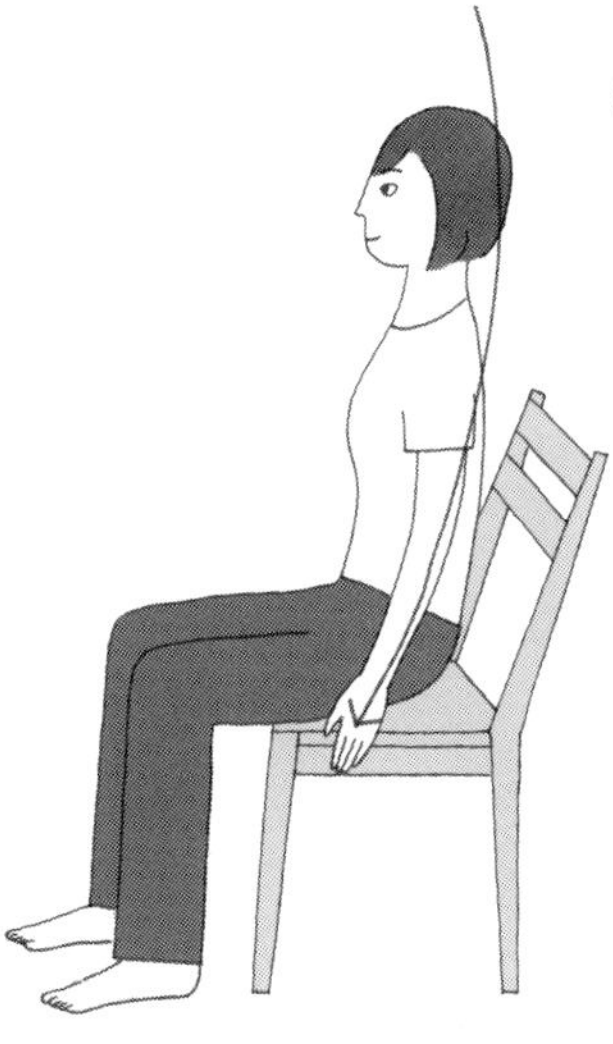

⑤

・背骨をねじるツイスト・ストレッチ

背もたれから離れて座ります。左手を右ももの上に置き、息を鼻から吐きながら上半身を右側にねじります。右手はイスの背もたれを持ちましょう。ねじったままキープして、三回呼吸を行います。息を吸うときには背筋を伸ばし、吐くときにはリラックスしてねじりが深まるイメージで行います。三回呼吸を終えたら、息を吐きながら上半身を正面に戻します。反対側も同様に行いましょう。

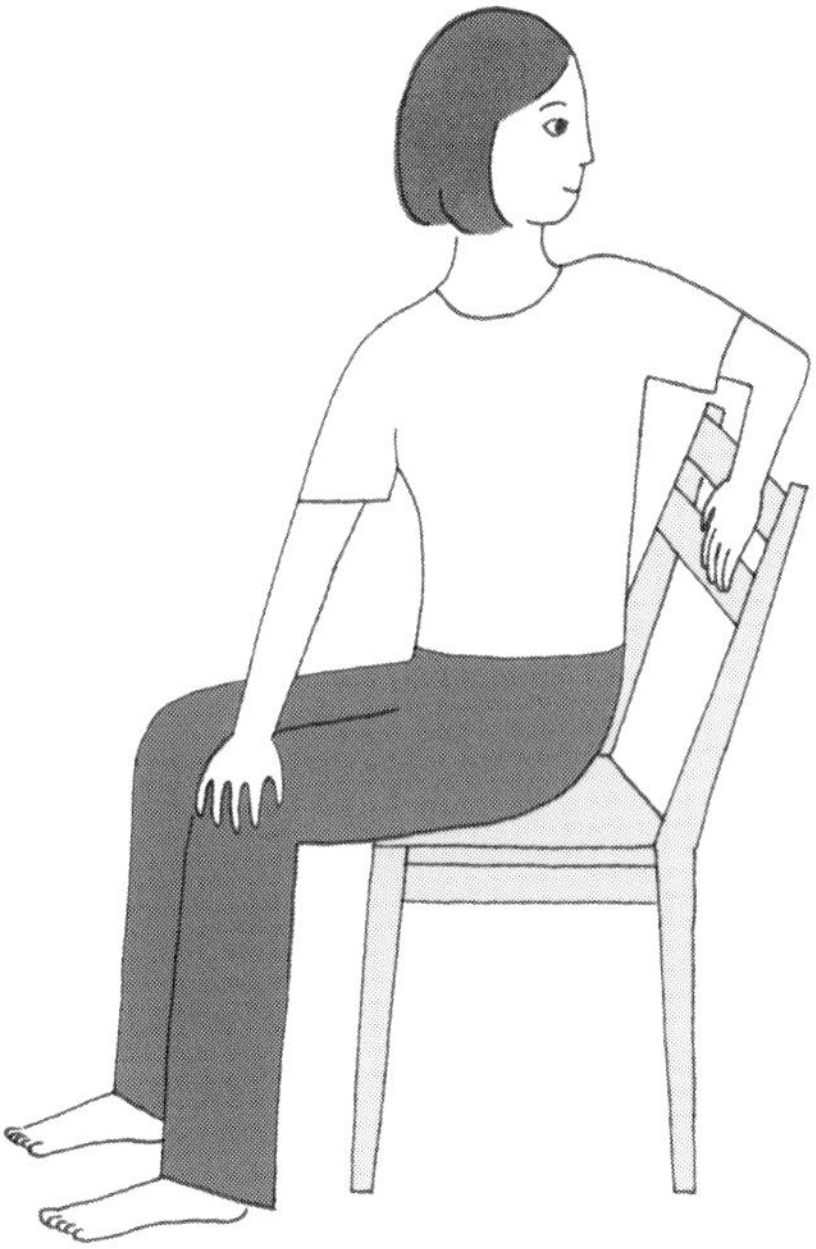

腹式呼吸法でリラックス

イスに座ってできる、かんたんな腹式呼吸の方法を紹介します。腹式呼吸は普段からなじんでいないと、かんたんにはできません。しかし慣れてくればリラックスが深まっていくのを感じられるようになりますので、気負わずに落ち着いて実践しましょう。

背もたれに寄りかかって、リラックスした姿勢でイスに深く座ります。目を閉じ、両手を重ねてお腹の前にあてます。鼻からゆっくりと息を吸い込み、手でお腹がふくらむのを感じます。軽くあごを引き、口からゆっくりと長く息を吐きます。吐くときにはお腹のふくらみがもとに戻っていくのを手で感じます。ガラスを息で曇らせるときの要領で吐くのがコツです。

第五章
かんたん
イス坐禅に
チャレンジ
［実践編］

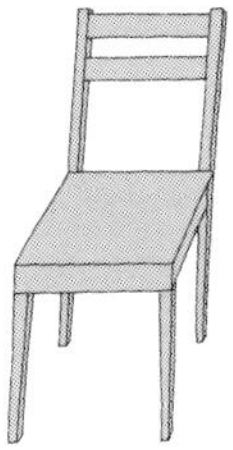

06

第六章

坐禅を組んでみましょう

イス坐禅に慣れてきたら、本来の坐禅にも挑戦してみましょう。本来の坐禅は、両足を組んで行います。足を組んで坐禅をする姿は、すそ野が広い山のような形になります。すそ野が広い状態では、地面に接地する面が多くなるので、イスに腰かけるよりも安定するわけです。本来の坐禅はイス坐禅を行うよりも、もっと長い時間、安定して瞑想するのに適しているといえるでしょう。

ここでは、**本来の坐禅の足の組み方を紹介します。**

禅宗では足を組んで行う本来の坐禅は一回およそ四十分間です。

本来の坐禅では坐蒲《ざふ》という丸いクッションを使用します。ない場合には、座布団をふたつ折りにして代用します。

足を組んでみましょう

本来の坐禅は足を組んで行います。その方法には、**結跏趺坐《けっかふざ》と半跏趺坐《はんかふざ》のふたつ**があります。

坐蒲におしりの半分ほどを乗せて、足を組んでいきます。

結跏趺坐は両足を組む座り方です。右の足を左のももの上に深く乗せ、次に左の足を右のももの上に乗せます。

半跏趺坐は片足を組む座り方です。右の足を左のももの下に入れ込み、左の足を右のももの上に深く乗せます。上に乗せる足は反対側でも構いません。

どちらも両ひざとおしりの三点で上体を支えます。

体の整え方はイス坐禅とほぼ同じですが、目線に関しては、座った状態の自分の頭の高さ程度（約一メートル）くらい先の床に視線を落としましょう。

本来の坐禅の作法は、イス坐禅とほぼ同じです。はじめの挨拶か

半跏趺坐　　結跏趺坐

ら終わりの挨拶まで、丁寧に作法を行いましょう。禅宗の宗派によっては壁に向かって坐禅を組んだり、壁を背にして座ったりしますが、自宅で行う際には、自分に合った方法で実践しましょう。

安全に足を組むには

初心者で慣れない人が本来の坐禅に取り組む場合、無理をしてひざを痛めてしまうことが少なくありません。**結跏趺坐、半跏趺坐のどちらもひざ関節には注意が必要です。**ひざは、ねじる動作に不向きな蝶番関節《ちょうばんかんせつ》です。蝶番関節はドアの蝶番《ちょうつがい》のような仕組みになっていて、一方向にしか曲げ伸ばしができないように、その運動が制限されています。ひざを曲げて反対側のももの上に乗せる動作を行う足の組み方は、ひざの関節に強いねじりの力がかかるため痛めてしまうことがあるのです。ねじる力を分散させるには、可動域の広い股関節を柔らかくするのが効果的です。坐禅の前にストレッチなどを行い、股関節を柔らかくしておくことをお勧めします。

いくら自分のために良いことでも、体を壊してしまったら本末転倒です。日常生活に支障が出ないように、自分の体と向き合いながら、安全に取り組むことが大切です。

07

第七章

禅の教えで生き方まで変わる

希望を抱ける目標を持って生きる

人は目標を持つと生き方が変わっていきます。何かに失敗してくじけそうになったとき、抱いていた目標を思い出すと、もう一度勇気が奮い立つことがあるでしょう。レジリエンスの力を高めるコツの中でも「目標に向かって進む」ことや、「前途に希望を持ち続ける」ことが勧められていました。

ここでは、禅の教えに照らし合わせながら、**自分なりの人生の大きな目標を立てることをお勧めしたいと思います。**人生の目標は大きく広い視野で考えた方が、自分を奮い立たせる勇気につながるものです。

仏教では、大きな目標として「四弘誓願《しぐせいがん》」という誓いを立てます。

・衆生無辺誓願度《しゅじょうむへんせいがんど》　この世にいるあらゆる人々をすべて救済しようと誓います。
・煩悩無尽誓願断《ぼんのうむじんせいがんだん》　尽きることのない煩悩を、すべて断つと誓います。
・法門無量誓願学《ほうもんむりょうせいがんがく》　際限がないほど仏の教えは深いけれども、すべて学ぶと誓います。
・仏道無上誓願成《ぶつどうむじょうせいがんじょう》　仏の道は無上だが、かならず成就すると誓います。

修行者は、このような大きな誓いを胸に抱くことで、勇気をふりしぼって仏道に励むことができます。

これほどの大きな願いや誓いを目標に込めることは難しいと思いますが、**みなさんもできるだけ広い視野で、人生の目標を立ててみましょう。**そして、この目標を成し遂げるために自分を支えてくれるのが、静かに座ることによって実現される本来の自分自身なのだとイメージして、イス坐禅にも取り組んでみましょう。

目標を立てるときには、禅の考え方に照らし合わせて、より良い願いが込められるようにしましょう。

禅宗では、日々の生活が即座に修行の一環であるという考え方があります。福井県にある曹洞宗の大本山永平寺《えいへいじ》を開かれた道元《どうげん》禅師は、『典座教訓《てんぞきょうくん》』という書物の中で**「三心《さんしん》」という心の持ち方**を説かれています。

典座とは、修行者の食事を作る役職の修行僧です。日々の食事を作るという行為も、「三心」という心の持ち方で修行に変えることができます。そして、その行為自体が誓願のような仏道の大きな目標を実現するための大切な道のりにもなると説きます。

「三心」とは「喜心《きしん》」「老心《ろうしん》」「大心《だいしん》」の三つです。

・「喜心」とは、その行為を喜びを持って実践する心です。
・「老心」とは、老婆心のことで、人をいたわる気持ちを持って、行為を為す心をいいます。
・「大心」とは、大きな広い心のことで、かたよりのない気持ちで行為を為す心です。

自分の大きな目標を考える際に、この「三心」の心持ちで考えてみましょう。

・その目標は、自分が喜びを持って努力に励めるものでしょうか？
・その目標は、人を思いやることのできる、人のためになるものでしょうか？
・その目標は、目先のことにこだわらない、大きく広い視野で考えられたものでしょうか？

このような問いを立てて、人生の大きな目標を書き出してみましょう。

巻末に記入欄を用意しました。自分の言葉で、今ここにいる自分が希望を抱ける目標を記入してみましょう。

続けてみようイス坐禅

「継続は力なり」といいます。**イス坐禅を続けることによって、本来の自分自身を取り戻すことができてきます。**なかでもレジリエンスの力は継続することで、筋肉のように能力が上がっていくことが知られています。心の筋トレと思って続けてみると、おもしろいかもしれません。

では、継続して続けるためには何が必要でしょうか？　本書では、**日々のイス坐禅実践の記録をつけることをお勧めしたいと思います。**

巻末にカレンダー形式の表を掲載しています。これを使って毎日の生活でどのくらい静かに座れたか、記録をつけて欲しいと思います。

本書では、八週間分の枠を用意しました。近年ハーバード大学などの研究では、瞑想は開始してから約八週間で、脳を変化させ、意識レベルを向上させることができるという研究成果が報告されています。変化を実感できる日安となるでしょう。

イス坐禅は、とても手軽でかんたんな実践です。どんなに忙しい人でも十分もあれば、静かで落ち着いた自分だけの時間を手に入れることができます。

続けるコツは、毎日同じ時間帯に行うことです。数日続けて行っていると習慣化され、その時間にイス坐禅をやらないことが物足りなくなってきます。朝起きて顔を洗い歯を磨くように、イス坐禅を習慣化して、生活のリズムの中に取り込んでみましょう。

希望を抱ける目標を記入してみましょう。

・その目標は、自分が喜びを持って努力に励めるものでしょうか？
・その目標は、人を思いやることのできる、人のためになるものでしょうか？
・その目標は、目先のことにこだわらない、大きく広い視野で考えられたものでしょうか？

本書をお読みいただきありがとうございました。

皆さん、読み終えてみていかがでしたでしょうか？　少しでも「イス坐禅」をやってみようと思っていただければ幸いです。また、坐ってみた感想などがありましたら、ぜひ教えていただきたいと思っております。

本書の企画は、「寺子屋ブッダ」のコンテンツ「まちのお寺の学校」（http://www.machitera.net/）で開催されているワークショップ「かんたん！イス坐禅」に、スモール出版代表者の中村孝司さんがお越しになり、興味を持っていただいたのをきっかけに始まりました。

一般社団法人寺子屋ブッダが運営する「まちのお寺の学校」の活動は、「お寺は、僕らのワクワク空間」をテーマに、「ココロとカラダを調える」「新しい視点や発想と出逢う」「人とふれあい、語り合う」という三つのコンセプトのもとに、イベントやワークショップを全国のお寺を会場に開催しています。

私にとって刺激的だったのは、この活動に宗派を超えて僧侶が集まり、また、お寺を会場に活動をしてみたいというさまざまな分野の講師が参加されていたことです。

宗派はもとより、年齢も得意な分野も違う、個性豊かな皆さんと交流や活動ができたように思います。

現代は多様性が求められる時代です。活動をするうちに、多くの人の考え方や生き方を認め合う中から、新しい発想や価値観が生まれてくるのだと実感しました。

私自身も、産業カウンセラーの資格を取得し、趣味で始めたヨガのインストラクターとしての顔もあり、心と体について、いろいろな視点を学んだ経験から、ワークショップ「かんたん！イス坐禅」のアイディアを思いつくことが出来ました。学びの場を与えていただいた、多くの方にここで感謝を申し上げます。

今回初めて一冊の本を上梓させていただきましたが、思いのほか筆が遅かったり、手間暇のかかる私に、適切なアドバイスをして、付き合ってくださったスモール出版・中村さん。編集者の方にも、大変お世話になり、ありがとうございました。また、魅力的で優しいイラストを描いていただいた、イラストレーターの祖父江ヒロコさんにも御礼申し上げます。

最後に、この本で紹介させていただいた多くの僧侶や研究者諸氏にも、おわびと御礼を申し上げます。

これから読者の方々に生活の中へ「イス坐禅」を取り入れていただき、役立てていただくことで、お許し願えればと思います。

続けてみようイス坐禅日記

日付・時刻	坐った時間	場所
/ (: ～)		
/ (: ～)		
/ (: ～)		
/ (: ～)		
/ (: ～)		
/ (: ～)		
/ (: ～)		
/ (: ～)		
/ (: ～)		
/ (: ～)		
/ (: ～)		
/ (: ～)		
/ (: ～)		
/ (: ～)		
/ (: ～)		
/ (: ～)		
/ (: ～)		
/ (: ～)		
/ (: ～)		
/ (: ～)		
/ (: ～)		
/ (: ～)		
/ (: ～)		
/ (: ～)		
/ (: ～)		
/ (: ～)		
/ (: ～)		
/ (: ～)		

日付・時刻	坐った時間	場所
/ (: ～)		
/ (: ～)		
/ (: ～)		
/ (: ～)		
/ (: ～)		
/ (: ～)		
/ (: ～)		
/ (: ～)		
/ (: ～)		
/ (: ～)		
/ (: ～)		
/ (: ～)		
/ (: ～)		
/ (: ～)		
/ (: ～)		
/ (: ～)		
/ (: ～)		
/ (: ～)		
/ (: ～)		
/ (: ～)		
/ (: ～)		
/ (: ～)		
/ (: ～)		
/ (: ～)		
/ (: ～)		
/ (: ～)		
/ (: ～)		
/ (: ～)		

※日付は初日から８週間分を先に記入します。 行わなかった日は、空欄にしておきましょう。

【著者プロフィール】

Kosyo（こうしょう）

禅宗僧侶、産業カウンセラー。大学卒業後、福井県栄平寺にて修行。趣味としてはじめたヨガはインストラクター（全米ヨガアライアンス認定200時間取得）でもある。寺子屋ブッダのワークショップ「かんたん！イス坐禅」開催の他、都内に坐禅指導などを行っている。

Kantan Isu Zazen no Susume

かんたんイス坐禅のすすめ

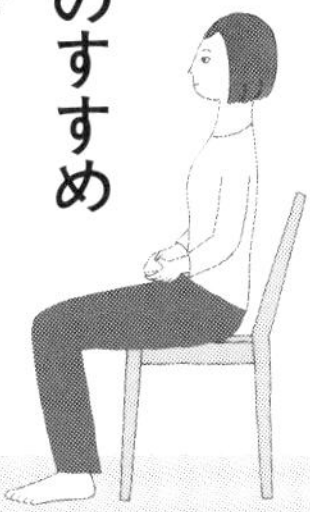

2017年3月31日　第1刷発行

著者　Kosyo《こうしょう》

企画・編集　中村孝司＋室井順子［スモールライト］
イラスト　祖父江ヒロコ
デザイン　清水肇［prigraphics］
協力　松村和順＋堀内哲生［寺子屋ブッダ］
校正　芳賀恵子
営業　藤井敏之［スモールライト］

発行者　中村孝司

発行所　スモール出版
〒164-0003 東京都中野区東中野
1-57-8 辻沢ビル地下1階
株式会社スモールライト
電話　03-5338-2360
FAX　03-5338-2361
e-mail　books@small-light.com
URL　http://www.small-light.com/books/
振替　00120-3-392156

印刷・製本　中央精版印刷株式会社

Printed in Japan
ISBN978-4-905158-41-7